Anna Laura Tocco

L'arte di mediare

Un'altra giustizia è possibile

Primiceri editore
PADOVA

2023 Tutti i diritti riservati.
Finito di stampare nel mese di dicembre 2023
presso Rotomail Italia Spa – Vignate (MI)
per conto di Primiceri Editore Srls
Via Savonarola 217, 35137 Padova
Prima Edizione
ISBN 978-88-3300-340-5
www.primicerieditore.com

Signor Giudice, le stelle sono chiare

Per chi le può vedere, magari stando al mare

Signor Giudice, chissà, chissà che sole

Si copra per favore che le può fare male

Immaginiamo che avrà cose più grandi di noi

Forse una moglie troppo giovane

E ci scusiamo con lei d'importunarla così

Ma ci capisca, in fondo siamo uomini, così così

Roberto Vecchioni

Album: Robinson, come salvarsi la vita - 1979

Sollevare la benda dagli occhi della giustizia.

Brevi itinerari di pensiero per un'altra giustizia, a partire da spunti iconografici e filosofico-giuridici

Federico Reggio[1]

È davvero possibile un'altra giustizia?

'Altra' rispetto a cosa?

Esiste, insomma, sullo sfondo della proposta di un diverso modo di intendere la giustizia, un'idea di giustizia dalla quale ci si può stagliare?

In Occidente l'arte ha comunicato un'iconografia della giustizia che sembra, se non altro, rinviare ad alcuni significati fondamentali, reperibili anche in una conoscenza di senso comune[2]. Ripartire da

---

[1] *Università di Padova, Dipartimento di Diritto Privato e Critica del Diritto.*

[2] Cfr., per interessanti approfondimenti, G. Mannozzi, *La giustizia senza spada. Uno studio comparato su giustizia riparativa e mediazione penale*, Giuffrè, Milano, 2003; G.

questa simbologia può offrire alcuni spunti interessanti.

La giustizia è, anzitutto, raffigurata con fattezze femminili: donna non tanto perché dea, ma perché è *una virtù*. Già questo richiamo dovrebbe metterci in guardia a non pensare che la giustizia possa esaurirsi con una singola prassi o un esito particolare, come talora si può pensare considerando l'uso comune che viene fatto del termine 'giustizia'. La virtù esprime, piuttosto, una processualità, un protendersi, e quest'ultimo, in quanto tale, è 'verso' qualcosa che non si è ancora conseguito ma che costituisce un orizzonte del proprio tendere stesso: essa richiede, dunque, tanto una 'visione' quanto l'attivazione di una '*vis*', di uno sforzo. Anzi, ci sentiamo di dire che la virtù implica un tentativo di conciliare, nell'agire responsabile, l'aspetto della visione

Cosi, *Invece di giudicare. Scritti sulla mediazione*, Giuffrè, Milano 2007. Sulle iconografie della giustizia rinvio al rilevante contributo di M. Sbriccoli, *La benda della Giustizia.Iconografia diritto e leggi penali dal medioevo*, in Id., *Storia del diritto penale e della giustizia: scritti editi e inediti* (1972-2007), Giuffrè, Milano 2008, pp. 155–208.

con quello della tensione[3]. In quanto tale essa è intrinsecamente problematica.

Come chiarisce Giambattista Vico in una delle sue opere giuridiche, il *De uno universi juris principio et fine uno* (1720), la virtù è espressione di una interazione tra due elementi: da un lato una *vis* che spinge la ragione a elevare l'essere umano al di sopra di una istintualità ferina e ne attiva uno sforzo (*conatus*) volto alla ricerca della verità e del bene; dall'altro la consapevolezza che questo sforzo è necessario in quanto l'essere umano è indigente della verità stessa, eppure non può accontentarsi di questa strutturale finitudine come un alibi per ricadere in modo autoreferenziale su se stesso[4]. La *vis veri* si traduce dunque in *virtus*, *dianoetica* quando è

---

[3] Sulla dimensione etica quale luogo di incontro tra il 'tendere' e la cognizione, rinvio alle pregnanti considerazioni contenute in F. Chiereghin, *Dall'antropologia all'etica. All'origine della domanda sull'uomo*, Guerini, Milano 1997

[4] Cfr. G. B. Vico, De Uno Universi Juris Principio et Fine Uno, parr. XXXIV-XXXVI, in Id., *Opere Giuridiche*, Sansoni, Firenze 1974. Si veda, altresì, per un approfondimento, L. Bellofiore, *La dottrina del diritto naturale in G.B. Vico*, Giuffrè, Milano 1954. Sulla *virtus* nel suo legame con il *pudor* vichiano quale figura del limite mi permetto di rinviare a F. Reggio, *Il paradigma scartato. Saggio sulla filosofia del diritto di Giambattista Vico*, Primiceri, Padova 2021, pp. 194-208.

rivolta alla conoscenza, *etica* quando è rivolta al bene. La giustizia è, nell'idea vichiana, una delle declinazioni della *virtus* etica.

Giustizia in quanto virtù, dunque, è, anzitutto, espressione di una tensione e di una ricerca.

Vi sono poi tre simboli che corredano la nostra figura femminile, denotando tre aspetti tuttora presenti nell'iconografia della giustizia: la bilancia, la spada, la benda.

La bilancia rinvia, già intuitivamente, a un'idea di equilibro (già etimologicamente la parola *de qua* contiene in sé la parità dei piatti della bilancia, *aequi-libra*): questo è visibile tanto nell'esigenza di garantire mutualità e reciprocità nelle relazioni umane di natura spontanea, ivi comprese quelle negoziali (non a caso l'antico negozio giuridico romano della *mancipatio* prevedeva, nelle forme più arcaiche, proprio il ricorso a una gestualità legata all'uso della bilancia, a simboleggiare un equilibrio tra prestazione e controprestazione, espressione del sinallagma giuridico), quanto nell'ambito della giustizia che riguarda la risposta alle azioni violente e agli illeciti. In quest'ultimo caso l'azione della giustizia stessa, associata alla bilancia, rinvia all'esigenza di un criterio di proporzionalità. Nonostante l'apparente brutalità, la *lex talionis*, presente in vari testi giuridici arcaici, a partire dal codice di Hammurabi, e rintracciabile, per esempio nella legislazione romana delle XII tavole[5] e nell'orizzonte giuridico ebraico, come evidente da fonti bibliche (Levitico, 24, 19-20), esprime l'esigenza di un criterio che limiti la reazione ritorsiva all'illecito, rinvenendo nell'illecito stesso la misura della sanzione.

Il diritto, quindi, cerca una misura proporzionale che sappia incontrare la richiesta di giustizia, e nel farlo opera anche prevenendo il 'farsi giustizia da sé': la ritualizzazione della violenza e la sua progressiva simbolizzazione e astrazione nelle forme giuridiche del diritto romano mostrano, appunto, il valore del diritto come alternativa alla violenza della ragion-fattasi. Non è un caso, dunque, che si sia usata in tempi più tardi un'espressione latina per denotare questo aspetto del diritto come alternativa alla violenza interpersonale, ricordando che la sua

---

[5] *"Si membrum rupsit, ni cum eo pacit, talio esto"* (tr. "Se una persona mutila un'altra e non raggiunge un accordo con essa, sia applicata la legge del taglione" - Tav. VIII, 2.)

presenza è tale *ne cives ad arma ruant* (*o veniant*).

Ecco allora che la spada, secondo simbolo tipico della giustizia nell'iconografia occidentale – presente in modo pressoché indefettibile soprattutto a partire dalla prima età moderna – rimanda nuovamente a una duplice accezione: evitare che la forza divenga lo strumento di risoluzione delle controversie tra i cittadini (la giustizia deve avere la spada, non i privati), e però, nel contempo, rammentare che la giustizia può operare tagli (l'etimologia del *de-cidere* rinvia proprio a questo aspetto) e attivare in modo istituzionale la forza, nelle forme, per esempio, della coazione e della sanzione.

Perché, tuttavia, l'esercizio della *facultas decidendi* e l'elemento coattivo ad essa collegato, non appaiano un mero arbitrio, non è sufficiente che esista un potere istituzionalizzato. La giustizia, nella sua proiezione processuale, richiede che chi decide sia terzo e imparziale rispetto ai titolari di opposte pretese. Un 'istituto di giustizia destinato a valere per sempre' – quale il giusto processo donato da Atena all'umanità nella tragedia eschilea delle *Eumenidi* – non è tale solo perché si fa valere nei fatti, grazie al peso specifico intrinseco nell'istituzione: il processo, per non tradursi in simulacro di un rito inquisitorio (ben raffigurato in un'altra tragedia greca, l'*Antigone* di Sofocle), deve poter garantire alcuni principi fondamentali, tra i quali, appunto, la terzietà del giudice, che è altro volto del principio del contraddittorio, ai sensi del quale le parti debbono potersi confrontare in condizione di parità[6].

Si spiega alla luce di questa idea, pertanto, anche il terzo attributo della giustizia, che, come si vedrà, non è solo il più tardo a comparire nell'iconografia artistica (in piena età moderna), ma è anche alquanto controverso. La benda, infatti, è quel simbolo che designa l'imparzialità della giustizia (perché non guardando ai volti dei destinatari, non può operare privilegi) e, nel contempo,

---

[6] Per un approfondimento su questi temi rinvio ai seguenti testi: F. Cavalla, *L'origine e il diritto*, FrancoAngeli, Milano 2017; F. Zanuso – S. Fuselli (a cura di), *Il lascito di Atena. Funzioni, strumenti ed esiti della controversia giuridica*, FrancoAngeli, Milano 2011; F. Ost, *Mosè, Eschilo, Sofocle. All'origine dell'immaginario giuridico*, Il Mulino, Bologna 2004.

una certa qual inesorabilità (perché, appunto, 'non guarda in faccia a nessuno').

Eppure, in precedenza, ad essere bendata non era la giustizia ma la fortuna. Ci sia consentito un dubbio espresso in forma confidenziale: siamo sicuri, infatti, che una giustizia cieca sia proprio una buona idea?

Non è un caso che una delle più antiche rappresentazioni della giustizia bendata compaia, alla fine del 400, in un libro satirico dello svizzero Sebastian Brant: qui è presente una litografia, quasi certamente di Albrecht Dürer, la quale raffigura un giullare che benda la giustizia. Il libro si intitola – il nome è alquanto evocativo – "La nave dei folli"[7].

In effetti su questo forse la cultura premoderna non aveva visto male: la fortuna, a ben vedere, è cieca, mentre la giustizia ci deve vedere benissimo, per non cadere nel rischio dell'aleatorietà o dell'arbitrarietà.

---

[7] Debbo la segnalazione di questo importante profilo culturale a Grazia Mannozzi, che con l'occasione ringrazio sentitamente. Sono ritornato su questa rappresentazione, con riferimento proprio all'iconografia della giustizia, nel mio Ted Talk tenuto presso il TedEx di Treviso nell'Ottobre 2022. Il mio *speech*, '*Justice as Restoration. Taking the blindfold off justice's eyes*' può essere ascoltato in inglese al seguente link: https://www.youtube.com/watch?v=HukNVB51Fpg

Donde viene, dunque, questo cambio di significato (e di 'portatrice') della benda? Ho azzardato, in occasione di un mio *Ted Talk*, l'ipotesi di un'influenza, in questo, del pensiero di Jean-Jacques Rousseau, il cui contributo all'evoluzione della cultura politico-giuridica occidentale è stato tanto significativo quanto problematico. Come è stato osservato, infatti, la democrazia formale roussoviana si basa su una concezione 'seriale' e 'atomizzata' di uguaglianza, per cui l'uguaglianza stessa si dà attraverso la rimozione della diversità[8].

Del resto, la fortuna del simbolo della benda legato alla giustizia è soprattutto successiva alla Rivoluzione Francese, sulla cui temperie politica e culturale sono rintracciabili diversi profili dell'influenza del pensiero del Ginevrino. Sappiamo, però, che non mancano risvolti inquietanti, e che l'istanza omologante di un'uguaglianza soppressiva di ogni diversità può dare adito a una giustizia livellante e

---

[8] Cfr., in primis, F. Zanuso, *Autonomia, uguaglianza, utilità. Tre paradossi del razionalismo moderno*, in F. Zanuso (a cura di), *Custodire il Fuoco*, FrancoAngeli, Milano 2013, pp. 15-81.

'decapitante', tristemente ed efficacemente incarnata dalla figura di Robespierre[9].

La benda si rivela dunque un simbolo ambiguo e dotato di un lato oscuro: l'imparzialità da essa simboleggiata può facilmente tradursi in impersonalità, e una giustizia che perda di vista l'umanità dei suoi destinatari (e dei suoi operatori!) rischia di non apparire, in fin dei conti, più tale.

Anche la spada, a ben pensarci, è un'arma a doppio taglio. Quel 'monopolio' della forza in capo al potere pubblico può essere avvertito non solo come l'esigenza di evitare spirali di violenza, bensì anche come una espropriazione del conflitto all'autonomia dei privati, come ben evidenziato da vari autori che hanno criticato questo profilo della giustizia penale moderna e contemporanea, a partire da Nils Christie[10]. Ecco allora che la spada diviene

---

[9] Sui risvolti inquietanti del tentativo (fallito) di coniugare libertà e autorità in Rousseau sono emblematiche le riflessioni contenute in I. Berlin, *La libertà e i suoi traditori*, Adelphi, Milano 2000.

[10] N. Christie, *Conflicts as property*, in "British Journal of Criminology" 17/1977, pp. 1-8. Nel contesto nordamericano ha avuto una significativa influenza il testo *Assessing the Criminal*, per cui cfr. J. Hagel III - R. E. Barnett (a cura di), *Assessing the Criminal. Restitution, Retribution and the Legal Process*, Ballinger Pub. Co., Cambridge (MA) 1977. Altri

arma nelle mani di uno stato che fa del potere punitivo un puntello alla sua autorità, dimenticando la dimensione interpersonale e sociale del conflitto e proiettando lo stesso solo entro la declinazione di un contrasto tra l'individuo e l'ordine costituito[11].

Che dire allora della bilancia? Anch'essa non è esente da ambiguità e risvolti inquietanti. Lo evidenzia, sempre con riferimento al tema della pena, un 'precursore' di una visione riparativa della sanzione penale, quale fu Giorgio Del Vecchio[12]: mi riferisco al saggio

---

autori oltre a Barnett e Hagel hanno sostenuto una conversione della pena in una *restitition* di stampo civilistico. F. Abel - F. H. Marsch, *Punishment and Restitution*, Greenwood Press, Westport-London 1984 e, più recentemente, R. M. Rojas, *Las contraddiciones del derecho penal*, Ad Hoc, Buenos Aires 2000. Su simili considerazioni, sia pur corredate da considerazioni sul valore rieducativo di una pena risarcitoria, cfr. anche B. Galaway - M. Hudson, *Restitution in Theory and Action, Lexington* (MA) 1980. In ambito europeo, invece, non vanno dimenticate le critiche di matrice abolizionista, tra cui si vedano, ad esempio, L. H.C. Hulsman – J. Bernat de Celis, *Peines Perdues. Le système pénale en question*, Paris, Le Centurion.1982; H. Bianchi – R. Van Svaanigen (a cura di), *Abolitionism: Toward a Non-repressive Approach to Crime*, Free University Press, Amsterdam 1986

[11] Questo esito del razionalismo insito nelle teorie penalistiche moderne è ampiamente denunciato, per esempio, in F. Cavalla, *La pena come problema*, Cedam, Padova, 1979.

[12] L'opera è stata tradotta in molte lingue ed ha avuto ampia circolazione, venendo considerata anticipatrice della riflessione riparazionista, pur collegata più marcatamente al

"*Sul fondamento della giustizia penale e sulla riparazione del torto*", la cui prima stesura uscì in forma anonima sull'Osservatore Romano, per poi venire pubblicata, in veste definitiva, come compendio de "*La Giustizia*", del 1959[13].

Scrive il filosofo del diritto: "La giustificazione intrinseca della pena sta appunto nella sua funzione riparatrice e reintegratrice del diritto leso; e in questo sta pure il suo limite razionale". Ciò non deve portare a pensare che la pena in quanto tale sia considerata riparatoria[14]: "ricambiare il male

---

concetto di '*restitution*': cfr., a tal riguardo, fra tutti, E. Weitekamp, *Can Restitution Serve as a Reasonable Alternative to Imprisonment? An Assessment of the Situation in the USA*, in H. Messmer – U. Otto (eds.), *Restorative Justice on Trial*, Kluwer, Dordrecht, 1992, p. 83. Una recente rilettura del contributo di Del Vecchio alla riflessione sulla pena è stata proposta in G. Mannozzi, *Traduzione e interpretazione giuridica nel multilinguismo europeo: il caso paradigmatico del termine 'giustizia riparativa' e delle sue origini storico-giuridiche e linguistiche*, in "Rivista italiana di diritto e procedura penale", 1/2015, pp. 137-153.

[13] G. Del Vecchio, *Sul fondamento della giustizia penale e sulla riparazione del torto*, in G. Del Vecchio, *La giustizia*, Studium, Roma, 1959, pp. 193-232.

[14] Un dubbio che può sorgere dal momento che, come ricorda anche Grazia Mannozzi, Del Vecchio, "nel capitolo IX de 'La Giustizia', dedicato alla 'nozione formale ed esigenza assoluta della giustizia', utilizza il termine 'giustizia riparatrice' in

col male, nella stessa misura, è la maniera più ovvia, ma non la più vera, per ristabilire il turbato equilibrio", perché, scrive Del Vecchio: "il male si ripara veramente solo col bene. Perciò è da affermare questo principio: al *malum actionis*, costituito dal delitto, devesi opporre come esigenza della giustizia, non tanto un *malum passionis*, secondo l'antica formula, quanto un *bonum actionis*, ossia un'attività in senso contrario dell'autore del delitto medesmo, la quale ne annulli o riduca gli effetti, fino a che ciò sia possibile"[15].

Una giustizia penale orientata a una visione ritorsiva della pena pensa che, all'accadere della violenza, lo squilibrio posto in essere da chi ha commesso la violazione, sia 'sceso' un piatto della bilancia, e, quindi, ritiene che l'equilibrio debba essere ottenuto abbassando anche l'altro piatto, ossia, fuor di metafora, attraverso una afflizione, pur diversamente giustificata a seconda dei diversi orientamenti di pensiero. Questo aspetto è stato fortemente contestato sin dall'origine del dibattito che ha

---

alternativa a giustizia penale"(G. Mannozzi, *Traduzione e interpretazione*, cit., p. 146).
[15] G. Del Vecchio, *Sul fondamento della giustizia penale e sulla riparazione del torto*, cit., p. 196.

visto affermarsi il paradigma della *Restorative Justice*: uno dei suoi padri fondatori, Howard Zehr, su note simili a Del Vecchio, contrasta l'idea che al *disempowerment* cagionato sulla vittima e sulla società dall'offensore si debba rispondere con un altro *disempowerment*, che aggiunge dolore al dolore e non consente alcuna riparazione verso la vittima e verso la società 'concreta', grandi 'dimenticate' dalla giustizia penale moderna, nella teoria e nella prassi[16].

Le affermazioni di Del Vecchio, da un lato, e di Zehr, dall'altro, sono ben altro che mere esortazioni morali, bensì assumono senso profondo se radicate in un più ampio discorso di carattere filosofico, e di cui possiamo individuare, brevemente, due premesse salienti: (1) il diritto è una struttura di relazione e di reciprocità; (2) esso rimane tale se permette di evitare la riduzione della persona a *res,* ad oggetto.

La sfida della giustizia riparativa, o rigenerativa che dir si voglia – che non può più essere ignorata dal giurista italiano

---

[16] Cfr. H. Zehr, *Changing Lenses. A new Focus on Crime and Justice*, Herald Press, Scottsdale 1990.

contemporaneo, ora che la riforma Cartabia la inserisce in modo organico nel sistema penale – comporta quindi, un ripensamento complessivo: del diritto, e, con esso, della giustizia. Anzi, ad avviso di chi scrive, essa rappresenta l'occasione per un '*reframing*' delle tre iconografie associate alla giustizia: si può pensare, infatti, alla bilancia come a un equilibrio che si cerca, anzitutto, nel promuovere la riparazione della lesione cagionata dal reato e alla ricostituzione di un dialogo tra le parti; alla spada come a qualcosa che può essere rinfoderato e tenuto come *extrema ratio* rispetto all'accadere del conflitto[17]; alla benda come a qualcosa che può essere sollevato, attivando una giustizia che sappia guardare negli occhi delle persone, a partire da quelle coinvolte direttamente nel conflitto (come, nel caso dell'ambito penale, la vittima, l'autore di reato, i rispettivi *entourages* di relazioni, la comunità).

Anna Laura Tocco, nel suo testo per il quale ho il piacere di scrivere questo breve saggio introduttivo, parla di una *giustizia dialogica*,

---

[17] Cfr., nuovamente, G. Mannozzi, *La giustizia senza spada*, Giuffrè, Milano 2003.

ricordando con ciò un'espressione che chi scrive ha utilizzato per descrivere la sfida che la giustizia riparativa invoca, invitando a riportare al centro l'essere umano e la sua relazionalità. Mi sia consentito di fare riferimento a un passo di questo testo, che ho avuto modo di presentare tanti anni fa, nel contesto di una splendida Gaeta, su invito di Anna Laura, con cui, tra l'altro, ho avuto il piacere di muovere i miei primi passi 'pratici' nel mondo della mediazione, di cui lei è cultrice e sostenitrice da molti anni, coniugando professionalità, impegno civile e coraggio di fare sentire la sua voce di giurista pratico che rifiuta di appiattirsi sul diritto come mera 'pratica'.

"Attribuire adeguata considerazione a quegli aspetti che il diritto moderno e contemporaneo ha trascurato e addirittura ritenuto estranei al suo spettro d'azione e alla sua *scientia* assume quindi un preciso rilievo: ci ricorda quanto sia attuale, tanto nella teoria quanto nella prassi, non compellere l'umano entro una visione tecnica del diritto la quale, per quanto rassicurante, finisce per rivelarsi inadeguata alla complessità della vita e delle relazioni interpersonali. 'Non l'uomo fu fatto per il sabato ma il sabato per l'uomo' (NT, Mc 2, 27): questa provocazione – che contrappone un autentico umanesimo ad una visione dogmatica e fideistica della (e nella) legge – ci ricorda come, sottratte al riferimento continuo, costante, e problematico alla condizione umana e al bisogno di giustizia che essa quotidianamente esprime, le norme e le loro applicazioni rischiano di risolversi – contro l'uomo stesso – in *monstra legum*"[18], ossia in mostruose legalità[19].

Il tema esorbita dall'ambito della giustizia riparativa: sono molte, infatti, le istanze contemporanee che cercano di ritrovare, nella teoria e nella prassi giuridica, uno spazio per l'essere umano, il dialogo e la relazione quali elementi portanti del diritto stesso, contrastando tendenze tecno-burocratiche la cui portata alienante è tanto forte quanto destinata a pericolosi potenziamenti nell'ambito della vertiginosa crescita

---

[18] F. Reggio, *Giustizia Dialogica. Luci e ombre della Restorative Justice*, FrancoAngeli, Milano 2010, p. 196.

[19] Espressione che derivo da G.B. Vico, *De Uno Universi Iuris Principio et Fine Uno*, *Caput* LXIII, ora in G.B. Vico, *Opere Giuridiche*, a cura di P. Cristofolini, Firenze 1974, p. 101.

tecnologica delle contemporanee società complesse[20]. Il recupero di spazi di negozialità e il sempre più ampio ricorso alla mediazione come strumento di soluzione della controversia capace di salvaguardare relazioni tra le parti e di individuare soluzioni 'personalizzate' sul caso, con tempi e costi (economici, umani e sociali) ben diversi da quelli della lite giudiziale, è una tendenza forte in molti ordinamenti giuridici, sulla spinta di disegni riformatori da cui non è esente anche, come è stato detto, l'ordinamento italiano.

C'è però, nel diritto, anche una pericolosa tendenza ad esprimere resistenza al cambiamento e, in molti operatori giuridici, il timore di uscire da schemi rassicuranti che ne caratterizzano il ruolo e l'attività. Le sfide insite nelle istanze di un diritto più aperto alla relazione e al dialogo – e non per ciò meno giuridico, come mostra Anna Laura Tocco di seguito nel suo saggio – sono un pungolo per questa categoria di 'frequentatori del diritto'

---

[20] Lo ho evidenziato, recentissimamente, con riferimento alle discriminazioni nel mondo digitale, in F. Reggio, *Tecnologia per, nonostante, o sull'essere umano? Tracce per uno 'human based design' della tecnologia digitale*, in "Journal of Ethics and Legal Technologies", 2/2023, pp. 31-60.

che forse oggi hanno ancora timore, o sfiducia, di affrontare la sfida di un'altra giustizia.

La sfida è chiara, e parte con l'invito a sollevare la benda dagli occhi della giustizia, oltre che dai propri.

Capitolo I

Il cliente ha sempre ragione, l'imputato è sempre innocente

Il giorno in cui, con il cuore in gola per l'emozione e la toga sulle spalle, quelli della mia generazione, circa quarant'anni orsono, hanno prestato il giuramento dinanzi al Tribunale, non è stato loro richiesto di sottoscrivere un contratto di arruolamento per una legione straniera.

Eppure, una volta varcata la soglia dello studio legale che ci ha accolti, ci siamo ritrovati tutti ad essere dei soldati mercenari, pronti a batterci per il danaro e per la gloria.

Qualsiasi personaggio veniva ricevuto, esposte le sue doglianze, che alle volte apparivano francamente un po' bizzarre, vigeva e si applicava la regola *il cliente ha sempre ragione* e così il compito di chi assumeva la sua difesa era quello di sostenere a spada tratta *"quella ragione"* e cercare di farla valere a tutti i costi e con ogni mezzo.

Lo slogan *il cliente ha sempre ragione*, nato a Londra agli inizi del XX secolo, quale campagna pubblicitaria per un grande magazzino, è diventato un po' l'emblema di una delle regole fondamentali del mercato: se vuoi fare soldi, cerca di assecondare chi te li da o deve darteli, evitando che li vada a spendere altrove.

Ma l'avvocato non vende merce, o almeno non dovrebbe, e così proprio oltre oceano, dove gli interessi economici sembravano prevalere su tutto, e i legali più affermati e pronti a tutto si guadagnavano l'appellativo di "*squali*", il mondo della cultura ha lanciato un grido d'allarme, mettendo il guardia sulle conseguenze che un approccio distruttivo della controversia giudiziaria avrebbe potuto avere, evidenziandoli nel film di grande successo, *Kramer contro Kramer*, uscito nelle sale nel 1979, nel quale, alla fine, una madre, resasi fortunatamente conto che doveva decidere con la propria testa e non ascoltare i consigli del suo legale, sceglie ciò che è bene per il suo bambino, rinunciando alla "vittoria" della causa.

A distanza di dieci anni ci veniva poi mostrata una presa di consapevolezza da parte della classe forense statunitense, che possiamo sintetizzare nella splendida interpretazione di Danny De Vito nel film *"La guerra dei Roses"*, quando, estraendo il suo prezioso sigaro dalla teca, nei panni dell'avvocato Gavin D'Amato, mette in guardia il suo cliente dagli esiti, comunque nefasti, della controversia che vuole intraprendere per far valere le sue ragioni e lo invita a cercare forme di dialogo con la controparte.

Così *l'avvocato/squalo* ha incominciato ad essere messo fortemente in discussione, tant'è che Rudy Baylor, il protagonista del romanzo *"L'uomo della pioggia"* di John Grisham, parla di una famosa linea di confine, che non dovrebbe mai essere superata, perché a lungo andare quella linea *"sparisce per sempre e poi sei solo un'altra barzelletta sugli avvocati, un altro pescecane nell'acqua sporca"*.

In Italia, dove beatamente importavamo di tutto, comprendendo solo in ritardo i guai che le importazioni ci procuravano, mangiavamo cibo-spazzatura, venivamo presi dalla *febbre del sabato sera* ed invidiavamo gli studi megagalattici newyorchesi, nel mentre altre categorie professionali, in particolare psicologi e sociologi, iniziavano a dibattere sul tema della contesa dei figli nelle separazioni giudiziali ed a riflettere sui danni che ne derivavano per i minori, riflessioni che hanno solo di recente indotto il legislatore a statuire sul cosiddetto affidamento condiviso.

Ma intanto il contenzioso aumentava a dismisura, in tutti e tre i gradi di giudizio, e del tutto inutili si palesavano i *"tentativi di bonario componimento"*, introdotti ad esempio nei procedimenti del lavoro o in quelli familiari, nei quali ultimi, qualora in sede di comparizione delle parti dinanzi al

Presidente, si riusciva a trasformare la separazione da giudiziale in consensuale, trattandosi, il più delle volte, di una forzatura - in quanto le parti vi acconsentivano intimorite su invito del giudice e su consiglio dei legali - il conflitto restava vivo, come dimostra il numero ingente di modifiche alle condizioni che venivano successivamente richieste. Praticamente il contenzioso che si faceva uscire dalla porta, rientrava, per così dire, dalla finestra!

Nello studio del penalista, *mutatis mutandis*, vigeva un'altra regola: *l'imputato (rectius il cliente) è sempre innocente.*

Il "sempre" stava ad indicare comunque ed in ogni caso ed in qualsiasi circostanza, cioè, ad esempio, anche qualora fosse stato colto in flagranza, magari con un coltello insanguinato tra le mani, dal quale pendevano le budella del morto assassinato.

Intanto, negli anni, il mutare della condizione sociale produceva una serie nuova di reati, e quindi di procedimenti penali, a volte instaurati sull'onda di vere e proprie "mode", conseguenti alla "scoperta" di fenomeni quali il *mobbing*, il *bullyng* lo *stalking*, che, senza interventi di prevenzione e di sensibilizzazione, hanno portato al collasso gli uffici delle Procure e dei Tribunali, per concludersi il più delle volte, perlomeno quelli meno gravi, con una inevitabile sentenza di prescrizione.

Senza contare che l'aumento dei reati e delle pene, sbandierato dai politici trasversalmente in ogni campagna elettorale, non è mai stato un deterrente, ed alle volte ha prodotto risultati mostruosi, come per la vicenda del cosiddetto *omicidio stradale*.

Nel 1987, con l'avvento del "patteggiamento", si era sperato in una svolta, ma l'aver introdotto un rito coniato in paesi di cultura diversa dalla nostra, senza quel minimo di implementazione, che si rendeva assolutamente necessaria per favorire il ricorso all'istituto, basato prevalentemente sul concetto di assunzione di responsabilità da parte del reo, ha fatto sì che si rilevasse ininfluente al fine di decongestionare il carico degli uffici giudiziari, e ne ha consentito addirittura uno stravolgimento della funzione, tant'è che se ne prevede la definizione con una sentenza, che come tale, è addirittura impugnabile.

Pur essendo chiaro quello che stava accadendo, gli unici rimedi adottati sono stati le inutili riforme e l'aumento degli organici, mai sufficienti per la mole di lavoro da smaltire, che man mano aumentava inesorabilmente.

Lo scontro sicuramente più acceso è nato intorno al problema dei termini di prescrizione, che tendono ad allungarsi o restringersi come una molla, a seconda del grado di garantismo del governo di turno, in una eterna *bagarre* tra chi giustamente ritiene che non si può stare sotto processo all'infinito e chi altrettanto giustamente ritiene che non si può rischiare di far prescrivere tutti i procedimenti, senza che si giunga mai ad una soluzione, visto che anche nel mondo politico è sconosciuta ogni forma di dialogo e/o di mediazione e si tende solo a competere e prevaricare, con i risultati che sono sotto gli occhi di tutti.

Con la legge 21 novembre 1991 n. 347 sono stati istituiti i "Giudici di pace", sempre con l'intento di frenare il crescente contenzioso, ma già dalla denominazione è emersa la contraddizione stridente : la funzione del giudice è quella di giudicare ed è quello che in effetti fa, anche se non è per così dire "togato", non essendo, peraltro, formato per fare altro; così, riforma dopo riforma, si è giunti, lungi dal pacificare, a far risorgere, sotto mentite spoglie, il vecchio "Pretore", retaggio degli antichi romani, carica alla cui dignità si giungeva dopo l'edilità ed il tribunato della plebe!

E dunque il civilista o il penalista, ma anche il tributarista o l'amministrativista o il divorzista, ricevuto formalmente il mandato, si è incamminato e prevalentemente ancora si incammina, per l'unica strada a lui nota, che gli è costata ore ed ore di studio, durante il percorso universitario, per apprenderne faticosamente tutti i meccanismi: lo svolgimento del processo.

Memori delle difficoltà incontrate nel sostenere gli impegnativi esami di procedura, sempre in ansia tra il timore di un'eccezione o di una decadenza, annotando minuziosamente termini e scadenze, costretti ogni volta a studiare riforme ed interpretazioni giurisprudenziali, ognuno si è dato da fare per svolgere al meglio l'incarico conferitogli, in quello che diventava sempre più un percorso accidentato o una corsa ad ostacoli, fino alla sentenza, che giungeva di media, solo in primo grado, dopo non meno di sei o sette anni.

Questa situazione ha indotto il legislatore, su pressione della Commissione Europea, ad introdurre la famosa Legge Pinto, con la quale si stabiliva che il danno da processo, che andava oltre la ragionevole durata, poteva essere risarcito.

Ma oltre il danno, la beffa, chi ha provato a chiedere il risarcimento è stato costretto ad attese di altri tempi biblici ed a perdersi nei meandri della burocrazia ministeriale, per poi ottenere somme esigue.

Si è anche tentato di semplificare, ma il tutto si è risolto in aumenti di spese e di incombenze, che hanno per lo più scoraggiato la gran parte degli aventi diritto.

Ma in tutto questo vero e proprio inferno, niente ha scalfito il sistema.

Il processo, che ha regnato e regna sovrano, come unica e consacrata soluzione per ogni tipo di conflitto, che poi si trasforma in controversia giudiziaria, è il mezzo attraverso il quale si attua il potere giurisdizionale dello stato e già la terminologia che lo riguarda incute timore: *"subire un processo"*, *"essere sottoposti a processo"* , *"soccombere in un processo"*, ma anche *"trascinare qualcuno in Tribunale"* ,sono espressioni che evidenziano, in tutta chiarezza, come le conseguenze, specie in caso di condanna, non siano certamente piacevoli.

A ciò si aggiunga che, per tutto il tempo, che negli anni è divenuto estenuantemente interminabile, chi partecipa ad un processo viene *"giudicato"*, per poi arrivare alla sentenza, o verdetto, che dir si voglia, con inevitabili ripercussioni anche dal punto di vista psicofisico.

"Pensare è molto difficile, per questo la maggior parte della gente giudica" sosteneva Jung, in linea con il Cristianesimo ed il pensiero illuminista.

La nostra tradizione giuspositivista considera il diritto un complesso di norme, emesse seguendo un determinato procedimento, aventi una determinata gerarchia e vigenti in un determinato territorio.

In tale concezione il Giudice, attraverso il processo, è chiamato a verificare la condotta delle parti e rapportarla a regole astratte preesistenti per poi emettere la sentenza, concepita come *"restaurazione dell'ordine violato"*, e, per farlo, giudica, e, all'esito del giudizio, assolve, condanna, sanziona.

Pertanto deve seguire un filo logico e cercare di ricostruire i fatti, insomma barcamenarsi in modo da avvicinarsi il più possibile alla verità, tenendo conto che le parti non sono obbligate a dirla, secondo il principio *nemo tenetur se detegere,* e che pertanto ognuno, dal canto suo, tenterà di convincerlo in tutti i modi delle sue ragioni, anche a costo di rappresentare la realtà in modo diverso dai fatti.

Il risultato di questo lavoro porta a quella che viene definita *verità processuale*, proprio nella consapevolezza che è emersa a conclusione dell'iter processuale, con buona pace della *parresia*, garante della democrazia ateniese nella *polis*.

Sul presupposto che tutti possiamo commettere errori e che il giudizio può essere influenzato da vari fattori, di natura personale o anche esterni, si è pensato bene di prevederne tre gradi, ma la ingente mole di lavoro e l'impossibilità a farvi fronte, hanno fatto sì che, nel tempo, fosse sempre più difficile, fino a divenire quasi impossibile, andare oltre la sentenza di primo grado.

Nessuna attenzione né preoccupazione il sistema illustrato mostra in ordine al se la decisione adottata pacifichi o normalizzi la relazione tra le parti, anzi, al contrario, gli interessi effettivi dei singoli non assumono valenza alcuna, direi che sono *"giuridicamente indifferenti"*, quel che rileva, sin dall'inizio della vicenda, è la pretesa violazione della norma e le conseguenze che ne derivano; in buona sostanza il concetto di giustizia, negli anni, è rimasto legato all'idea che ne avevano i giuristi romani, *l'auctoritas,* che assume il significato di conformità all'ordine e si sostanzia nell'attribuire a ciascun individuo ciò che gli compete, come comprova il fatto che nei procedimenti viene adita *"l'autorità giudiziaria"*.

E pensare che Leonardo Da Vinci scriveva *"chiunque affronti una lite facendo appello all'autorità, non sta usando la sua intelligenza, ma la sua memoria"*.

Se a decidere del loro destino è chiamata una autorità, le parti, lungi dall'essere protagoniste delle loro vicende personali, sono deprivate del potere di operare delle scelte ed affidate a professionisti che assumono il controllo al loro posto, in pratica, conferendo il mandato, si attua una vera e propria deresponsabilizzazione degli individui, ed i difensori, nella migliore delle ipotesi, ignorano il "riconoscimento reciproco", nella peggiore distruggono immediatamente anche solo la possibilità che le ragioni del conflitto possano emergere e comporsi, esasperando, in perfetta buona fede, anzi sicuri di svolgere al meglio il proprio lavoro, l'antagonismo dei contendenti.

Tutto questo provoca nei malcapitati configgenti ansia e malessere, spesso anche fisico, che finisce per ritorcersi proprio nei confronti degli operatori, ritenuti responsabili del fatto che non si riesce a mettere fine alla vicenda, alimenta il risentimento man mano che gli anni passano e spesso sfocia in azioni violente.

Nell'ambito penale, come è noto, agli albori della società, il sistema consisteva per lo più in forme di vendetta privata. In seguito lo Stato ne ha assunto il monopolio, in pratica si è messo al posto della vittima ed ha sostituito la vendetta con una serie di pene da infliggere a seconda della gravità del reato commesso.

Ciò si è reso necessario per garantire la proporzionalità tra "delitto" e "castigo" e per ottenere giustizia anche quando i rapporti di forza sbilanciati tra le parti non lo avrebbero potuto consentire.

Solo con il progredire della coscienza civile si è fatta spazio l'idea che la pena potesse assumere una funzione *"rieducativa"*, anziché assolvere semplicemente ad una funzione *"retributiva"*, idea che pur consacrata nel terzo comma dell'art. 27 della nostra Costituzione, fatica ancora tutt'oggi ad essere compresa.

Negli anni, comunque, l'unico strumento riconosciuto come valido per risanare le ferite inferte è stato sempre il processo, rimasto lì, granitico nella sua funzione, oggetto di continue modifiche, oserei dire sottoposto ad un accanimento terapeutico, tendente a mantenerlo sempre e comunque in vita ed a farlo funzionare, nel timore di non poterlo in alcun modo sostituire e quindi di andare verso una catastrofe.

Che non fosse lo strumento più idoneo ad assicurare la Giustizia ce lo hanno spiegato bene già i quattro evangelisti (Matteo, Marco, Luca e Giovanni), i quali concordemente narrano del più clamoroso errore giudiziario della storia, che ha portato alla condanna ed alla crocefissione di Gesù Cristo, reo di lesa maestà, per essersi proclamato Re dei Giudei.

Eppure il Sinedrio era uno strumento molto sofisticato, che conteneva al suo interno accusa e difesa, cui l'ordinamento attribuiva pari dignità; era composto da minimo 23 e massimo 71 giudici, circondati da allievi e per condannare era necessaria una maggioranza di due voti ed una notte intera di ripensamenti.

Il principio di garanzia era talmente radicato che se tutti propendevano per la condanna, bisognava assolvere, perché significava che nessuno aveva assunto la difesa ed il processo non era "giusto", la prova veniva assunta rigidamente ed il dibattimento era pubblico.

Ma già 339 anni prima della nascita di Cristo la storia ci racconta che un altro grande uomo fu mandato a morte, nella democratica Atene, il filosofo Socrate, che si dichiarò colpevole pur di non rinnegare le sue idee.

La condanna inferta a Dante Alighieri dal Governo dei Neri di Firenze fu del pari una enorme ingiustizia, tale da indurre il poeta a porre i barattieri nella V bolgia dell'VIII cerchio immersi nella pece bollente.

Nel maggio scorso presso il Collegio di merito della Sapienza di Perugia è stata inscenata una revisione del processo, che ha portato ad affermare che si trattò di una condanna formalmente corretta sotto il profilo procedurale, ma che fu inflitta facendo un uso strumentale della giustizia a fini politici.

"Dov'è un Tribunale è iniquità", affermava Lev Tolstoj

Nel 1914 Franz Kafka del processo ha illustrato tutto il suo orrore, descrivendo, nei minimi particolari, la passiva accettazione, da parte dei protagonisti, di una giustizia che funzionava allora e continua a funzionare ancora oggi come un fenomeno fisico, con le sue logiche autoreferenziali, nel quale il povero imputato si perde, senza riuscire neanche a conoscere la natura del crimine del quale lo accusano.

L'aberrazione della rigorosa applicazione della norma di legge emerge in tutta evidenza nella pretesa di Shylock, che in Tribunale insiste affinché gli venga saldato il suo debito con la famosa libbra di carne di Antonio- che il Doge deve assolutamente consentire, a detta di Baldassarre, per non creare un precedente dannoso per lo stato- narrata da Shakespeare nel *Mercante di Venezia*, fortunatamente evitata da un cavillo, che permette di scongiurarne le conseguenze drammatiche.

Solo circa un secolo dalla pubblicazione dell'opera kafkiana, qualcuno ha sentito il bisogno di far precedere il termine "processo" dall'aggettivo "giusto", il che autorizza a pensare che prima di allora il processo non lo fosse, ma nella pratica poco è cambiato.

Dopo innumerevoli riforme, reclamizzate dai politici di turno come la panacea di tutti i mali della Giustizia, studiate e scritte da chi probabilmente non ha mai frequentato le aule dei Tribunali, maldestramente scopiazzate da quelle di paesi ritenuti più evoluti, per lo più di matrice anglosassone, i problemi anziché risolversi si sono aggravati, la cura era sbagliata, ma la colpa è stata attribuita ai farmaci che non hanno funzionato!

E siccome si continuava a cercare di risolvere i problemi con la stessa mentalità che li ha generati, ad un certo punto è stato chiaro che il PROCESSO creava addirittura danni e così si è ben pensato ad una riforma costituzionale, apportando all'art. 111 Cost. le modifiche tali da renderlo GIUSTO.

A distanza di oltre vent'anni, al di là della terminologia, nessun miglioramento si è riscontrato, tant'è che il Legislatore è stato indotto ad emanare l'ennesima riforma.

L'UMANITA' SI TROVA OGGI AD UN BIVIO
UNA VIA CONDUCE ALLA DISPERAZIONE ED
ALLA COMPLETA IMPOTENZA
L'ALTRA ALLA ESTINZIONE TOTALE
SPERIAMO DI AVERE LA SAGGEZZA DI
SCEGLIERE BENE
Woody Allen

Capitolo II

Il processo è morto e anch'io non mi sento tanto bene

Eccoci intorno al letto del moribondo, disperati a tentare di rianimarlo, perché certo tutti sappiamo che è indispensabile per assicurare che venga fatta giustizia, siamo impotenti all'idea di non poter più difendere i nostri assistiti, ma dobbiamo anche essere consapevoli che, senza un cambio di rotta, siamo destinati all'estinzione, come testimonia l'abbandono della professione da parte di molti, il decrescere del numero degli iscritti agli albi e la *debacle* delle facoltà di Giurisprudenza, che registrano un calo di circa il 38%.

Sulla rivista "Il dubbio" del 5 aprile 2023 il neo Presidente del CNF, Francesco Greco, dichiara *"la fuga degli avvocati dalla professione continua e bisogna interrogarsi sulle ragioni...le facoltà giuridiche hanno perso appeal... il cittadino non riesce più ad avere una risposta alla sua domanda di giustizia e c'è sfiducia verso il sistema giudiziario, che induce i cittadini a rinunciare alla tutela dei diritti... e questo in uno Stato di diritto non è possibile....*

Ciononostante, tutta l'attenzione degli addetti ai lavori resta ostinatamente focalizzata intorno al processo e, appena varata l'ennesima riforma, già si inizia a parlare di cosa ancora modificare!

Già perché, nonostante questa volta il legislatore abbia riconosciuto dignità e valore alla mediazione, l'interesse di tutti gli operatori è ancora una volta focalizzata solo ed unicamente al processo, come dimostra la miriade di convegni, incontri, seminari dibattiti, nei quali si coglie solo l'ansia di tutti, nel timore dell'ennesimo inevitabile *flop.*

Sappiamo bene che esistono forme di risoluzione alternativa dei conflitti, anche se da molti sono considerate un ripiego o, peggio, una forma di privatizzazione della giustizia, inidonee ad assicurare la tutela dei diritti lesi.

Eppure le direttive europee che ci indicano da anni quella strada, sulla stregua degli altri paesi dell'unione e non, rivelatasi altrove molto efficace; quella più importante è la 2008/52/CE, proprio sulla mediazione, introdotta per promuovere la composizione amichevole delle liti.

La classe forense, tuttavia, si è sempre violentemente opposta ad cambiamento indicato, alle volte con forme di protesta insensate e fuori luogo, come all'epoca della introduzione della legge sulla mediazione civile e commerciale, resasi indispensabile proprio a seguito della richiamata direttiva, accolta come una catastrofe che si sarebbe abbattuta sulle nostre teste e contrastata anche in sede giurisdizionale, fino a giungere alla famosa sentenza della Corte Costituzionale n. 272 del 6 dicembre 2012.

Dopo la pronuncia fu necessaria una nuova legge, il che ha comportato altri tre anni di ritardo e danni ingenti a chi, consapevole dell'importanza dell'istituto, aveva iniziato a lavorare nel settore.

Sia pur timidamente, tuttavia, anche ai vertici dell'avvocatura tempo fa ha cominciato a farsi strada l'idea che forse era necessario un cambio di mentalità, tant'è che sulla rivista Previdenza Forense n. 2 del 2009 comparve un interessantissimo articolo a firma di Enzo Varricchio dal titolo *Gandhi e la via etica per l'Avvocatura*.

"Che cosa ha a vedere "la grande anima" con gli avvocati? Più di quello che si possa immaginare: anche Mohandas Karamchand Gandhi, prima di diventare il "Mahatma" fu un avvocato. Studiò legge...compiuto il tirocinio in uno studio londinese e divenuto barrister, tornò in India, a

Mumbai, ove intraprese l'esercizio della professione forense", narra l'autore, per poi aggiungere *"I litiganti, secondo Gandhi, devono immaginare soluzioni in grado di includere gli aspetti migliori delle due parti, incorporando la soluzione nella lotta stessa, dando vita ad un gioco a somma maggiore di zero, in cui entrambi i contendenti vincono"*.

La guerra, secondo la così detta "teoria dei giochi" (sviluppata negli anni cinquanta e che studia modelli matematici di interazione strategica) è un gioco a somma zero, quello che, protratto per un tempo indefinito, porta inevitabilmente alla perdita di entrambi i giocatori, come ad esempio le guerre, dove spesso i vincitori pagano a caro prezzo l'esito favorevole.

Il "gioco a somma non zero", cui faceva riferimento Gandhi, è, al contrario, quello che permette la vittoria di entrambi i configgenti, basta cambiare prospettiva.

"In quest'ottica -spiega Enzo Varricchio nell'articolo di cui sopra- *escogitando per il cliente le opportune soluzioni alle questioni etiche e proponendole sotto forme di risposta giuridica alle istanze della controparte, l'avvocato rappresenta al tempo stesso un deterrente all'insorgenza dei conflitti ed un potete antidoto alla loro permanenza ma, soprattutto, contribuisce a ridisegnare il sistema dei valori sociali, all'interno*

di uno schema dialettico di tipo hegeliano, finalizzato alla ricerca di una sintesi tra le tesi e le antitesi delle opposte fazioni".

Nella realtà ciò accade ben di rado.

Il problema è che il processo è la nostra *comfort zone*, fuori dalla quale avvertiamo uno stato di ansia ed un alto livello di rischio e nella quale finiamo per rifugiarci ad ogni piè sospinto, come in un porto si rifugia una barca.

Ma gli psicologi sostengono che, se da una *comfort zone* non riusciamo ad uscire vuol dire che non siamo in grado di cambiare, quindi di crescere e di evolvere, di accrescere la nostra autostima, come dire, usando una metafora, se abbiamo assunto il comando di una imbarcazione, dobbiamo essere capaci di lasciare gli ormeggi e affrontare il mare aperto, con le dovute cautele, ma senza timore, poiché abbiamo i mezzi per farlo.

Così nei corridoi dei Tribunali capita costantemente di incontrare colleghi che manifestano senso di frustrazione, stanchezza, disagio, e che si sfogano dicendo che sono stanchi di lavorare in questo modo, ma se indichi loro un percorso alternativo, incoraggiandoli ad imboccarlo, frappongono mille ostacoli fino alla frase finale.

Ma io sono un avvocato!

È l'obiezione che viene mossa quando si cerca di spiegare che non è sempre necessario instaurare un procedimento giudiziario e che, al contrario, si possono risolvere le controversie in tempi più veloci in altro modo, giungendo peraltro ad una vittoria sicura.

Essere un avvocato, nell'immaginario collettivo, è legato all'idea di "perorare una causa", "affermare le ragioni del cliente" e "sconfiggere l'avversario", insomma combattere e cercare di vincere in ogni modo.

Il riconoscimento e l'accettazione dei principi della giustizia sono il fondamento della vita sociale, ed agire in modo giusto è qualcosa che vogliamo e dobbiamo fare, in quanto esseri razionali, liberi ed uguali, come sosteneva Kant; quindi, se qualcuno non rispetta le regole e turba l'ordine della comunità, è necessario che vi si ponga rimedio, riparando la frattura che si è creata.

Ma l'avvocato moderno, al passo con i tempi, ha il dovere di porsi una domanda fondamentale: nel complesso il nostro modello di tutela dei diritti, ancora figlio della idea ottocentesca dello Stato-nazione, garante del ripristino dell'ordine giuridico da esso creato, è ancora valido ed utile?

Da oltre vent'anni almeno lo stato membro dell'unione europea non è più uno stato sovrano, essendo obbligato a garantire ai suoi cittadini, che sono cittadini europei, tutto ciò che le istituzioni dell'unione garantiscono.

Gli stati membri sono tenuti ad uniformare i loro sistemi interni per cambiamenti comuni sollecitati dalla commissione europea, dal momento che il processo di integrazione costituisce il sistema giuridico di riferimento.

La società attuale è stata attraversata da tutta una serie di fenomeni, che hanno comportato grandi cambiamenti, con da una parte l'aumento della conflittualità, dall'altra la creazione di nuovi modelli per la sua gestione.

L'errore che si commette spesso è quello di pensare che le procedure alternative a quelle ordinarie abbiano il solo scopo di deflazionare gli uffici giudiziari, non tenendo nel debito conto che modalità diverse di gestione dei conflitti sono volte a consentire l'accesso alla giustizia, anche a fronte di un limitato valore economico della lite, assolvendo altresì alla funzione sociale di offrire una opportunità a coloro i quali, trattenuti dai costi e dai tempi di un procedimento ordinario, rinunciano a far valere i propri diritti.

La nostra classe forense, purtroppo, si è fatta cogliere impreparata a fronte di tali cambiamenti, restando pervicacemente ancorata al principio del processo come unica strada percorribile per garantire la tutela dei diritti.

Eppure alla "conciliazione" il primo codice di procedura civile del regno, nel 1865, dedicava i primi sette articoli e ne troviamo ampia traccia nella produzione legislativa, specie nel periodo che va tra l'unità d'Italia ed il secondo conflitto mondiale.

La nostra formazione e l'aggiornamento professionale sono sempre stati ancorati all'idea del "vincere la causa", quindi non hanno mai spaziato oltre il "diritto" e le "procedure", perdendosi in un mare di cavilli ed interpretazioni giurisprudenziali, non tendendo nel debito conto che l'avvocato contemporaneo ha bisogno di altri strumenti, senza i quali, come sta accadendo, è destinato a sentirsi smarrito.

Sin dagli anni 90 nel *Collaborative-Law Institute of Minnesota* nasce l'idea del cosiddetto "diritto collaborativo", che conduce le parti a cooperare per giungere ad una soluzione del problema, senza dover necessariamente instaurare una lite dinanzi al Tribunale, con un accordo che sia pienamente soddisfacente per entrambe.

Nel mentre il *Center for creative problem solving* della *California western scholl of law* elabora il concetto che i clienti e la società contemporanea non hanno più esclusivamente bisogno dell'avvocato "combattivo" ma di quello che sa accostarsi ai problemi in maniera, per così dire, "creativa", per trovare una soluzione a quelli che attanagliano la clientela.

Insomma si è avvertito, dapprima negli Stati Uniti, poi anche in Europa, sempre di più il bisogno di un approccio "olistico" alla professione forense, cioè di un avvocato che sappia condurre il cliente verso una soluzione condivisa, favorire la conciliazione e sostenere la necessità di procedimenti giudiziari più umani, per contribuire alla costruzione della pace ad ogni livello.

Per rispondere a questa nuova esigenza è evidente che la sola conoscenza del diritto non basta, c'è bisogno di nuove competenze, anche trasversali, prima tra tutte la capacità di un ascolto consapevole, che assicura di ottenere una completa comprensione delle problematiche esposte, oltre quella di saper cogliere l'opportunità in ogni conflitto, nel pieno rispetto della dignità dell'individuo.

Questa nuova formazione deve saper uscire dalla stretta gabbia dello studio del diritto, consentendo di acquisire un approccio integrato, interdisciplinare, insomma quello che oltre oceano è definito *comprehensive law*.

La crisi della nostra professione può essere in buona sostanza risolta solo se ci allontaniamo dal letto del moribondo processo e lo lasciamo respirare, cercando altrove quelle soluzioni, che esistono e sono efficaci, che consentono a noi di cogliere l'opportunità di svolgere una attività più moderna ed efficace, con un ruolo di gran lunga più importante, dal momento che il primato non sarà più dell'autorità, ma della professionalità.

L'opportunità che ci offre questa profonda crisi è quella di una crescita e di un miglioramento delle condizioni della vita lavorativa ed esistenziale, dobbiamo cogliere l'occasione, che si palesa anche dalle recenti riforme, di diventare protagonisti, perché nessun'altra categoria professionale è in grado di gestire le controversie come gli avvocati, che, oltre alla doverosa formazione in tal senso, hanno la conoscenza del diritto.

Questo non significa assolutamente "privatizzare la giustizia", ma far si che si ricorra al processo solo quando è strettamente necessario, poiché le altre strade non sono percorribili o non hanno condotto alla meta, nonostante gli sforzi compiuti.

Significa, invece, riequilibrare "ecologicamente" conflitti e rimedi, restituendo alle parti il senso di responsabilità, consentire una ripresa della comunicazione interrotta, insomma assicurare un diritto molto importante quel "Diritto al Dialogo", che viene esercitato non già sulla scena processuale, ma come strumento maieutico di congiunta ricerca di una soluzione condivisa.

Forse è bene ricordare che nei trattati di diritto privato è scritto a chiare lettere che *"il contratto ha forza di legge tra le parti"*, il che sta a significare che i singoli, ovviamente nel rispetto delle norme che tutelano diritti inviolabili, sono libere di autodeterminarsi, guai se non lo fossero.

Del resto, agli albori del diritto, la *sponsio*, cioè la promessa reciproca, precede la *sanctio*, la chiamata dell'autorità a suggello del patto, il che, rapportato ai tempi moderni, sta a significare che allo Stato resta il monopolio della forza, ma ai singoli la libertà di regolare da soli i loro rapporti, anche quando confliggono.

"Ordine dato e ordine negoziato sono teleologicamente uniti dalla e nella funzione di assicurare l'ordine sociale attraverso l'equo contemperamento degli interessi delle parti destinatarie della regolazione, ma procedono in modo diverso, parallelo, senza alcuna sovra ordinazione del primo sul secondo....si tratta di prendere coscienza che l'arte del negoziare e del conciliare i conflitti, come quella della difesa in giudizio, sono strumenti di tutela e pacificazione sociale, di cui anche il giurista, che nel terzo millennio si avvia a ritornare giureconsulto, deve essere padrone" (Avv. G. Maria Valenti in Mediares n. 20/2013 "Globalizzazione e mediazione. Appunti per una teoria generale...).

Capitolo III

Dallo scontro al confronto: la giustizia dialogica

Prima delle guerre jugoslave nella città di Mostar convivevano in modo pacifico bosniaci cristiani e slavi mussulmani; lo *stari most* univa le due parti dell'abitato e le due etnie.

Il ponte era un simbolo della tolleranza religiosa ed etnica, fatto costruire dal Sultano Solimano, peraltro un vero e proprio capolavoro di architettura, composto di pietra bianca durissima, il cui nome è *tenelja*.

Il 9 novembre 1993 le truppe croate lo fecero saltare con venti granate, bisognava distruggere quel simbolo, far trionfare la politica della distruzione e della divisione.

Dopo i trattati di pace, l'UNESCO ne curò la ricostruzione, annettendolo al suo patrimonio mondiale, proprio per ripristinare quel simbolo, così importante, che la guerra aveva colpito a morte, sperando di ricucire la frattura.

La sfida dell'avvocato contemporaneo è sapersi trasformare da guerriero a costruttore di ponti, guidando chi a lui si affida dalla posizione di "scontro" a quella di "confronto", in un campo di gioco che non è certamente a lui usuale, il tavolo delle trattative, intorno al quale ci si siede per cooperare, negoziando, nel senso letterale del termine *neg - otium* , dandosi da fare per trovare una soluzione, invece di aspettare che venga imposta dall'alto.

"Il diritto è composto di norme rigide, squadrate, di paletti, di siepi fitte da cui è difficile uscire, di regole precise che non possono essere pretermesse" ci spiega Ferdinando Carbone nel saggio "Che fa concilia?", pubblicato nel 2003, e continua *"il percorso del processo si dipana attraverso il labirinto, come in un percorso ad ostacoli, il cui traguardo, se il percorso viene compiuto fino in fondo, non è necessariamente una sentenza giusta, ma una sentenza secondo diritto. Orbene, la sentenza secondo diritto può essere anche aberrante nel caso concreto, ma ...dura lex sed lex"*.

Entrare in una controversia giuridica, metaforicamente, è un po' come entrare in un labirinto perché non si sa mai quando e come se ne esce, si perde l'orientamento e si cerca invano il filo di Arianna.

Nella tragedia greca di Antigone il coro lamenta la incomunicabilità tra i protagonisti, che parlano due lingue diverse: Creonte rappresenta il diritto positivo, la norma scritta, che è assolutamente necessario far rispettare; Antigone, invece, rappresenta il diritto naturale, la norma non scritta, arcaica, precedente alle stesse leggi divine, che le impone, in barba alla legge scritta, di dare degna sepoltura al fratello.

Il tragico finale è la logica conseguenza della incomunicabilità, della mancanza di dialogo, ognuno resta sulle sue posizioni, sicuro, dal canto suo, di essere nel giusto, di non poter comportarsi diversamente.

L'invito dell'autore, di Sofocle, è quello di trovare la "misura", di armonizzare le posizioni diametralmente opposte.

Per farlo c'è un'unica via, quella del dialogo.

Relazionarsi con l'altro vuol dire ascoltarsi reciprocamente, confrontarsi, esporre le rispettive ragioni, cosa che è possibile fare solo se, invece di infilarsi nel labirinto del processo, con il rischio di essere divorati dal Minotauro, si sceglie un percorso di mediazione, che *prima facie* può apparire faticoso ed impegnativo, ma solo perché bisogna partecipare in prima persona anziché delegare, come si è abituati a fare.

In questo nuovo scenario l'avvocato non ha più la funzione del soldato mercenario, che si batte per assicurare la vittoria al suo cliente, ma quella, molto più nobile, del facilitatore della ripresa del dialogo, della guida su una strada la cui percorrenza non è sempre facile, occorre molta forza, ma non ci si deve stancare *"non si deve negoziare per paura, ma non si deve mai aver paura di negoziare"* diceva John F. Kennedy.

Mediare è difficile e faticoso e richiede una adeguata preparazione, non ci sono ricette o formule, bisogna essere capaci di stare *nel mezzo*, bisogna far avvertire alle parti di essere *tra* di loro, né in alto né in basso ed avere acquisito la capacità di attivare le risorse comunicative.

Solo così si riesce a ribaltare il potenziale distruttivo del conflitto ed a condurre i litiganti verso una vittoria bilaterale, quella che viene denominata *win-win*.

Il mediatore assume una posizione centrale, *che mette in crisi proprio il carattere astratto della terzietà del Giudice*, come ci spiega Fulvio Scaparro nel suo libro "Il coraggio di mediare", edito da Guerrini e associati nel giugno del 2001.

Non è necessario che il mediatore *abbia competenze "weberiane", sulla base della preparazione logico-formale, ma è bene che condivida culture comuni dei configgenti e stia dentro il conflitto, perdendo ogni imparzialità,* ci spiega l'autore del saggio.

La legislazione oramai da molti anni, attraverso la previsione sempre crescente di procedure alternative di risoluzione delle controversie, ha di fatto riconosciuto il ruolo non più esclusivo della giurisdizione.

L'avvocatura, se vuole esorcizzare le sue paure, non può tirarsi fuori, ma deve a viva voce reclamare il suo ruolo di protagonista, nel panorama che si va delineando.

Ovviamente per farlo deve prestare più attenzione alla formazione e sensibilizzare specialmente i giovani, indirizzandoli verso le tecniche negoziali ed una cultura mediativa, che, una volta acquisite, rendono molto più agevole lo svolgimento della professione.

Chi è uso affrontare le controversie in materia di famiglia e minori ha di sicuro avuto modo di avvertire più agevolmente lo "stridio" della macchina giudiziaria che schiaccia le opposte ragioni e spesso si è ritrovato, dopo anni ed anni di duro lavoro, di fronte a statuizioni inadeguate a risolvere le problematiche esposte dal cliente.

Magari dopo la lettura della sentenza tanto agognata, anche favorevole, si è sentito chiedere dal suo assistito " *va bene, avvocato, ma adesso che si fa*"?

Questa domanda, che può sembrare sciocca, all'orecchio per così dire allenato all'ascolto attivo, suona come *"e che me ne faccio di questa sentenza*

... i miei problemi sono rimasti irrisolti, anzi, man mano che ci siamo battuti in Tribunale per far valere le nostre ragioni si sono addirittura aggravati, capisco che il suo lavoro è finito, ma io sono confuso, non so da che parte andare".

Dopo aver per anni subito l'inadeguatezza dell'apparato giurisdizionale in un campo così delicato, rimboccandoci le maniche di fronte al cumulo di macerie che metaforicamente vedevamo dinanzi ai nostri occhi, abbiamo dato vita, in una realtà di provincia, alla creazione del *Centro Kairos*, nel quale una equipe multidisciplinare ha iniziato man mano ad approcciarsi al conflitto in maniera diversa, non distruttiva, prendendosi "cura" delle persone coinvolte, restituendo loro la dignità, la capacità di decidere della propria vita, sostenendole con percorsi individuali, aiutandole, attraverso il prezioso strumento della mediazione familiare, a raggiungere accordi soddisfacenti, prevenendo gli esiti gravi delle difficoltà relazionali.

Ecco, è proprio della "cura", che chi si trova nel bel mezzo della tempesta causata dalla crisi e dal contrasto, ha bisogno, quella cura cantata da Battiato nella sua meravigliosa canzone i cui versi evocano il bisogno di pace *ti porterò dì soprattutto il silenzio e la pazienza, percorreremo assieme le vie che portano all'essenza.*

L'esperienza di questi trent'anni di attività, svolta controcorrente, ci ha insegnato che, se si riescono ad accogliere il dolore e la rabbia, se si ascoltano le ragioni dell'uno e dell'altro, non solo si risolve la crisi, ma si previene anche l'insorgere della violenza, che, come diceva Martin Luther King, spesso è il *grido di chi non viene ascoltato*.

Occhio per occhio rende il mondo cieco, certo non posso farmi giustizia da solo, non posso vendicarmi per il torto subito, ma invoco l'autorità giudiziaria, affinché mi tuteli ed in qualche modo lo faccia al posto mio.

Ma anche così si rende cieco il mondo perché, se per ogni presunta ingiustizia si ricorre in Tribunale, ci vuol poco a ritrovarsi invasi da una mole ingente di contenzioso, che di fatto finisce per paralizzare il sistema.

Per arginare il fenomeno, come il cane che si morde la coda, si promulgano altre leggi, che producono l'effetto contrario a quello che ci si prefigge.

In una delle sue opere il giurista Carlo Arturo Jemolo scriveva una frase che è rimasta ben impressa a chi si è interessato della materia *"la famiglia è un'isola che il mare del diritto può lambire...ma lambire solo....è la rocca sull'onda ed il granito che costituisce la sua base appartiene al mondo degli affetti, agl'istinti primi, alla morale, alla religione, non al mondo del diritto"*.

La società moderna, invece, ha reso sempre più necessario l'intervento del legislatore, al fine di meglio regolamentare i rapporti patrimoniali, le responsabilità, la cessazione della convivenza, la gestione e l'affidamento dei figli minori, insomma il mare del diritto ha letteralmente *inondato* l'isola-famiglia, quasi come se i suoi abitanti non fossero parsi più in grado di autoregolamentarsi!

Per non essere travolti da questo vero e proprio *tzumani* bisogna in qualche modo arginare il mare e per farlo è necessario che ci sia una strada alternativa a quella giudiziaria, a quella del mero diritto, che certo non deve essere ignorato, ma usato *cum grano salis*.

Come si diceva il Legislatore, costretto a barcamenarsi in un panorama politico sempre più competitivo e meno disposto a forme di cooperazione, emette, come nel caso della recente "Riforma Cartabia", provvedimenti oserei dire schizofrenici, invitando da un lato le parti a ricorrere a strumenti alternativi (questo certamente va riconosciuto) ma intensificando talmente tanto le maglie del diritto, da togliere il fiato, come è avvenuto con la previsione del cosiddetto *piano genitoriale*, che appare subito come una sorta di *regolamento di condominio*, nel quale, invece di stabilire le norme per la gestione della cosa comune, si stabiliscono quelle per la gestione della vita degli esseri umani, che hanno avuto la disgrazia di vivere una crisi delle loro relazioni affettive , costringendoli a programmare il loro futuro e quello dei figli, nei minimi particolari!

I modelli di questi piani, che circolano sul web, lasciano a dir poco inorriditi coloro che negli anni hanno cercato di affrontare il conflitto in maniera costruttiva, poiché di fatto costituiscono una sorta di concordato preventivo, atto a scongiurare il fallimento totale della famiglia!!!!

Si legge, sempre sul web, che lo scopo della introduzione di questi piani è quello di "ridurre i disaccordi", "abbassare il conflitto", "fornire una guida per i comportamenti genitoriali e la relazione co-genitoriale", insomma una sorta di *vademecum del buon genitore separato*.

Addirittura c'è chi propone di suddividerli in quattro modelli: piani genitoriali di base; piani genitoriali per lunghe distanze; piani genitoriali focalizzati sulla sicurezza (non oso immaginarne il contenuto); piani genitoriali altamente strutturati.

Il tutto sarà per così dire affidato al *coordinatore genitoriale*, figura pericolosamente ibrida, poiché, come si legge dalle "linee guida sulla coordinazione genitoriale", il compito potrà essere affidato "ad un professionista in materia di salute mentale o di diritto di famiglia" (sic!) o ad un mediatore familiare certificato.

Come si può mai pensare che, così operando, si porranno limiti al contenzioso è un gran mistero.

Sicuramente queste modalità di gestione della crisi, altamente direttive e deresponsabilizzanti, non favoriranno l'apertura, il dialogo ed il confronto. Con buona pace di Sofocle, lungi dall'armonizzare il diritto positivo con quello naturale, proprio nella materia nella quale se ne avverte di più il bisogno, ne ampliamo il divario, ed assistiamo impotenti al trionfo di Creonte, con la consapevolezza che le tragedie siano destinate in tal modo, inesorabilmente ad aumentare.

Un giorno, un pensatore indiano, fece la seguente
domanda ai suoi discepoli

*"perché le persone gridano, quando sono
arrabbiate?"*

"gridano perché perdono la calma" disse uno di
loro

"ma perché gridare se la persona sta al suo lato?"
disse nuovamente il pensatore

*"bene, gridiamo perché desideriamo che l'altra
persona ci ascolti"*

replicò un altro discepolo

e il Maestro tornò a domandare

"allora non è possibile parlargli a voce bassa?"

Varie altre risposte furono date, ma nessuna
convinse il pensatore

allora egli esclamò

*"Voi sapete perché si grida contro un'altra
persona quando si è arrabbiati?*

*Il fatto è che quando due persone sono arrabbiate i
loro cuori si allontanano molto.*

*Per coprire questa distanza bisogna gridare per
potersi ascoltare.*

*Perché più arrabbiati sono, tanto più forte
dovranno gridare per potersi ascoltare.*

*Quanto più arrabbiati sono, tanto più forte
dovranno gridare*

per sentirsi l'uno con l'altro.

*D'altra parte, che succede quando due persone
sono innamorate?*

Loro non gridano, parlano soavemente.

*E perché? Perché i loro cuori sono molto vicini.
La distanza tra loro è piccola.*

*A volte sono talmente vicini i loro cuori, che
neanche parlano, solamente sussurrano.*

*E quando l'amore è più intenso, non è necessario
nemmeno sussurrare,*

basta guardarsi, i loro cuori si intendono.

*E questo accade quando due persone che si amano
si avvicinano.*

*Quando voi discutete, non lasciate che i vostri
cuori si allontanino, non dite parole che li
spossano distanziare di più, perché arriverà un
giorno in cui la distanza sarà tanta, che non
incontreranno mai più la strada per tornare.*

Capitolo IV

Ma quale sarà il metodo migliore?

Lo scetticismo di molti, nell'approccio alla giustizia alternativa, è conseguenza del convincimento che la scelta del processo sia obbligata dal fatto che si è provato, senza successo, a fare una transazione e quindi dopo il fallimento non c'è via di scampo: *se non ci sono riuscito io, come può riuscirci un mediatore?*

Questa osservazione non tiene nel debito conto alcuni principi fondamentali: innanzitutto gli avvocati, per la formazione che hanno ricevuto, sono portati a competere e non a cooperare, inoltre la transazione, che talvolta si riesce a portare a buon fine, nulla ha a che vedere con il verbale redatto a seguito di una mediazione.

Molto spesso, per raggiungere un accordo transattivo, le parti neanche si incontrano, il lavoro lo svolgono esclusivamente i legali, consultandosi più volte tra di loro.

Tale *modus operandi*, sicuramente virtuoso, che pure conduce ad una definizione stragiudiziale, contiene un *vulnus* sul quale è bene portare la nostra riflessione.

Se le parti non si incontrano e non hanno modo di dialogare e chiarirsi, sebbene si trovi, grazie all'ausilio di professionisti, il modo di evitare una causa, si lascia però inalterato il conflitto, dal quale il contenzioso è scaturito.

Immaginiamo ad esempio una lite tra confinanti o tra condomini, insomma tra persone che, a seguito della stesura dei patti, sono per così dire "costrette" da oggettive circostanze, comunque a continuare un rapporto relazionale.

Non è difficile prevedere cosa succederà in seguito, tant'è che capita spesso, all'inevitabile insorgere di un nuovo litigio, che alla domanda *ma non avevate trovato un'intesa?* ci si senta candidamente rispondere *no io no, ha fatto tutto il mio avvocato* o, peggio, *gli avvocati si sono messi d'accordo tra di loro!*

Non cambia molto con le negoziazioni, visto che più o meno le modalità restano le stesse, anzi quelle per così dire "assistite" difficilmente hanno un buon esito, proprio perché, specie in caso di un conflitto molto acceso, senza la presenza di un terzo che abbia la funzione di "catalizzatore", l'incontro finirà in uno scontro tra avverse fazioni, destinato a concludersi con la frase di rito, che suona come una minaccia: *ci vediamo in Tribunale!*

Si comprende, pertanto, il motivo per il quale queste pratiche vengono considerate una "perdita di tempo" ed evitate, anche per il disagio che comporta trovarsi al centro di estenuanti discussioni, senza averne acquisito le capacità specifiche che necessitano.

Al termine di un primo incontro di mediazione, durato più o meno un'ora e concluso con esito positivo, un collega avvocato, con lo sguardo tra l'incredulo e l'ammirato, mi ha chiesto *ma come diavolo hai fatto?*

La mediazione assomiglia molto più ad un'arte che ad una scienza, come tale risulta molto difficile illustrarne la metodologia, anche perché, paradossalmente, funziona proprio grazie alla sua informalità, flessibilità e consensualità e può dar vita a vittorie bilaterali soddisfacenti, a prescindere dai diritti riconosciuti; addirittura, quando si verte in materia di quelli disponibili, può anche concludersi con una rinuncia alle proprie pretese.

Ma proprio quando se ne è compresa l'importanza e si è cominciata a diffondere la necessità di una buona formazione, è nata l'esigenza di strutturarla e costruire dei modelli.

Nella sua rubrica "Dossier del mediatore", editoriale della rivista Mediares, da lei stessa fondata nel 2002, la Dott.ssa Anna Coppola De Vanna, psicologa, psicoterapeuta, mediatrice e Presidente della Cooperativa CRISI di Bari, condivide alcune importanti argomentazioni: *non si può non riconoscere che il temine mediazione da qualche tempo sia spesso usato con significati non del tutto omogenei; e si può anche affermare, senza timore di smentite, essere diventata parola più che inflazionata; da più parti, inoltre si afferma l'utilizzo di pratiche che vengono definite mediative, ma con tutta una gamma di azioni tra loro talmente diversificate, da confondere non solo i profani, ma gli stessi addetti ai lavori.*

Nell'articolo riportato, dal titolo, la *Mediazione tra mode e modelli*, l'autrice mette in guardia sul pericolo che, diventata per l'appunto un fenomeno alla moda e come tale *calata in un contesto indipendentemente dalle istanze, suscita curiosità, soddisfa il bisogno di pochi, inducendolo in tanti...produce merci e mercati, non si propone e non realizza trasformazioni significative nei "luoghi".*

Da qui la necessità di costruire dei modelli e verificarne poi la validità nella prassi, adattandoli alle varie situazioni, alla vasta gamma dei conflitti che ci troviamo a dover gestire, anche alle materie da trattare, per esempio una mediazione con un istituto bancario, per un rientro di rate insolute di un mutuo ipotecario, sarà sicuramente più "tecnica" e meno "umanistica" di quella tra due sorelle che litigano per l'attribuzione dell'eredità dell'anziana madre defunta, che una sola tra di loro, ha accudito amorevolmente duranti gli anni di una lunga malattia!

In Italia l'attività del mediatore non è caratterizzata da una professione autonoma, come in altri paesi, ma si è affermata come valore aggiunto, come una sorta di specializzazione da parte di alcune professioni particolari, prevalentemente avvocati e psicologi, questi ultimi nella sfera familiare.

Ciò ha fatto sì che di mediazione si parla molto e si fa molta formazione, ma c'è anche molta confusione sul profilo professionale, che, proprio perché, come si diceva, non appare caratterizzato, provoca una mancanza di consapevolezza sul tipo di intervento.

D'altro canto, vi è da dire, che proprio questa mancanza di un indirizzo *mainstream,* ha fatto sì che nel nostro paese si sviluppassero una diversità ed una serie di pratiche, che oggi rappresentano una vera e propria ricchezza sotto il profilo esperienziale, come appunto quella della Cooperativa CRISI di Bari.

Negli anni, anche a seguito della istituzionalizzazione delle pratiche mediative nel decreto legislativo 28/2010 e delle indicazioni sui percorsi formativi da parte del Ministero della Giustizia, in buona sostanza si sono delineati due percorsi che possono essere utilizzati per gestire i conflitti e quindi abbiamo due "modelli" di mediazione.

La prima viene definita *"problem solving"*, l'altra, di stampo umanistico, *"mediazione trasformativa"*.

Il problem solving, letteralmente "risoluzione di problemi" indica la tecnica con la quale si riesce a far fronte a situazioni critiche con soluzioni creative.

Sviluppatasi prevalentemente ad Harvard, la sua caratteristica è quella di sbloccare le situazioni di *impasse* che si determinano quando insorge un conflitto, che danneggiano anche l'economia e porre un freno agli alti costi dell'amministrazione della giustizia.

La formazione nel settore è molto tecnica e spinge verso una definizione rapida, basata più che altro sul vecchio e famoso detto *il tempo è danaro*, sempre in auge.

Si fonda sui principi della negoziazione, viene definita una scienza e si trova spesso applicata al settore finanziario, insomma viene usata per accrescere il *business*.

Le tecniche utilizzate sono le stesse del "venditore di successo", in primis la cosiddetta "comunicazione non verbale".

La scienza ha reso noto che dando un valore 100 alla comunicazione solo il 7% rappresenta quella verbale, il 38% quella paraverbale (intensità della voce, modulazione, pause e così via), mentre il restante 55% è il cosiddetto "linguaggio del corpo".

I venditori, per incrementare i loro affari, apprendono questi linguaggi non verbali, in modo da rendere più agevole la fase della "persuasione" all'acquisto.

Questa pratica, diffusasi negli anni 80 e 90 negli Stati Uniti, applicata alle mediazioni, ha suscitato molte critiche, poiché finisce per togliere spazio alla capacità di decisione autonoma delle parti, diventando, in alcuni casi, una vera e propria "manipolazione", le parti anziché aiutate a trovare un accordo soddisfacente e condiviso, vengono per così dire etero dirette, guidate ed indotte ad accettare quella che appare al mediatore la soluzione per loro migliore, in tempi veloci, che non consentono neppure loro di rendersi conto del vantaggio che possono trarne.

Le conseguenze di tali pratiche possono rivelarsi con il tempo molto pericolose, ed è questo rischio che noi tutti, operatori della giustizia, dobbiamo impegnarci a neutralizzare, con impegno ed alta professionalità.

Guai se così non fosse.

Purtroppo, e questo è un grande ostacolo allo sviluppo della mediazione, molta formazione è stata fatta proprio attingendo agli studi di Harvard, ed a metodi rivelatisi con il tempo a dir poco catastrofici, dal punto di vista della tutela dei diritti, come illustrano magistralmente Robert Baruch Bush, docente di metodi alternativi di risoluzione delle controversie alla Hofstra University School of Law di New York e Joseph

Folger, docente di sviluppo organizzativo alla Temple University di Philadelphia, nel saggio La promessa della mediazione, edito in Italia da Mondinuovi Vallecchi nel 2009.

Anche nei nostri atenei, ove la materia era pressocchè sconosciuta, invece di attingere da pratiche virtuose che si stavano rivelando efficaci, si sono importate queste tecniche, destinate a non formare adeguatamente i professionisti dei quali si avverte l'esigenza, come dimostrano la *"Negotiation competition"* in voga da qualche tempo, con la quale gli studenti si "sfidano" nel trovare soluzioni a casi pratici con tanto di medaglia al valore per il vincitore!

L'esperienza ha insegnato che purtroppo l'impatto di questi sistemi negli Stati Uniti è stato generalmente quello di estendere il controllo dello stato nella vita degli individui e neutralizzare le riforme di giustizia sociale, ottenute grazie ai movimenti per i diritti civili.

Bush e Folgher nel loro scritto mettono in guardia nei confronti di questa distorsione che, ritengono abbia dato vita ad un vero e proprio *quadro oppressivo che si ritrova in tutti i campi in cui si fa uso della mediazione. Nei casi di divorzio cancella le tutele ed espone le donne a negoziazioni coercitive e manipolatorie, che hanno, come conseguenza, accordi iniqui sulle proprietà e sull'affidamento dei figli. La mediazione tra locatori e locatari permette ai proprietari di venire meno all'obbligo di fornire alloggi sufficientemente dignitosi, causando condizioni di vita inadeguate e costringendo gli inquilini a trasferimenti ingiusti... nei casi di discriminazione nei luoghi di lavoro manipola le vittime inducendole ad accettare compromessi, lasciando che il razzismo ed il sessismo diventino strutturali e perdurino nelle aziende e nelle istituzioni. Nelle controversie commerciali, poi, la mediazione consente alle parti di concludere patti a porte chiuse a svantaggio dei consumatori, usando metodi che non verranno mai resi possibili... la mediazione è stata usata, dappertutto, per consolidare il potere dei forti ed aumentare lo sfruttamento e l'oppressione dei più deboli.* (opera citata pagg 26/27).

Sulla scorta di tali considerazioni gli autori del testo citato giungono alla conclusione che unico metodo idoneo a tutelare anche le cosiddette parti deboli della controversia non può che essere quello della mediazione di stampo umanistico, detta anche trasformativa.
Altri autori, sulla scorta di quanto elaborato da Folger e Bush, hanno sviluppato il concetto di mediazione trasformativa, che definiscono come un intervento di supporto all'apertura ed al

mantenimento del dialogo, che consente alle parti di guardare al conflitto sotto una luce diverse.

Nell'approccio trasformativo il conflitto viene inteso come un fattore di interferenza nella interazione degli individui, che crea paura, incertezza ed una sorta di "demonizzazione" dell'altro.

Aiutando le parti, senza alcun comportamento direttivo, come avviene invece nel *problem solving* , supportandole nel comprendere le ragioni l'una dell'altra, ad ascoltarsi reciprocamente, si da vita a quel confronto sincero al quale consegue una maggiore consapevolezza.

Così facendo le dinamiche relazionali distruttive vengono "trasformate" in positive ed il conflitto, lungi dall'essere considerato un evento patologico, è ridimensionato ad evento naturale ed ineluttabile, nato dalla nota difficoltà a comunicare da parte degli esseri umani.

Questo procedimento ha la grande potenzialità di apportare un cambiamento alla *forma mentis*, e al conseguimento di due importanti effetti; il primo è il cosiddetto *empowerment*, cioè la riscoperta da parte degli individui del proprio valore, della capacità di prendere delle decisioni e di gestire la propria vita; l'altro è il riconoscimento, la comprensione reciproca cui si perviene dopo aver ascoltato l'altro ed essersi *messo nei suoi panni*.

Se il procedimento viene svolto da un mediatore con una adeguata formazione, che sa stare tra le parti, non al di sopra, capace di costruire un ponte per riattivare il canale della comunicazione interrotta, nelle parti si verifica un importante cambiamento, che viene molto apprezzato, perché interrompe l'*escalation* distruttiva del conflitto ed impatta su di loro positivamente.

L'esperienza ha portato i mediatori pionieri a creare nella pratica dei modelli che risentono delle contaminazioni dell'uno e dell'altro *modus operandi* e ad adattarsi alle circostanze, dal momento che l'elasticità mentale e la creatività sono doti indispensabili per questa professione.

In Europa la mediazione trasformativa ha trovato facile sviluppo grazie al modello umanistico creato e diffuso da Jacqueline Morineau, nata in Francia nel 1934, che ha origine nel percorso pedagogico e catartico della tragedia greca, con la quale si scorge una connessione profonda.

Il mediatore, come il coreuta, è infatti capace di cogliere la sofferenza insita nel trascorso degli esseri umani e fornire un luogo in cui il conflitto e la sofferenza possano trovare accoglimento, abbattendo metaforicamente il muro che determina la chiusura, l'impossibilità di comunicare e consentendo, un tal modo, ai protagonisti della vicenda una sorta di rinascita.

Così come avviene nella tragedia greca, il percorso di mediazione ha una *theoria*, cioè una esposizione dei fatti accaduti, una *krisis*, fase nella quale emerge la fragilità dell'essere umano ed infine una *katarsis* in cui avviene la riconciliazione.

In questo contesto il ruolo del mediatore viene svolto dal pubblico che assiste e dal coro che sollecita, interrogando gli attori, il tutto con umiltà e principalmente con assenza di giudizio.

Il mediatore non risolve i problemi, non fa giustizia, non sta al di sopra delle parti, non ha potere, aiuta semplicemente a far si che ognuno si metta nei panni dell'altro e comprenda che non esiste una ragione, che ognuno ha la sua e bisogna averne rispetto, così, dopo una fase di rabbia e rancore, si costruisce assieme il ponte da attraversare, verso un nuovo cammino, si riconnette la comunicazione interrotta.

In tempi più recenti l'eco di queste rappresentazioni teatrali è possibile ritrovarle nelle opere messe in scena da Eduardo De Filippo, come nella famosa metafora che dopo il buio c'è sempre la luce *mo adda passà a nuttata ... si deve superare la crisi.*

Il Mediatore, nel modello umanistico, diventa una sorta di "artigiano di pace", che usa la maieutica per tirare fuori la verità, quella vera, ben diversa da quella processuale, l'unica che può assicurare la fine del conflitto, la *parresia* tanto cara a Sofocle.

Da una costola della mediazione trasformativa, come sua evoluzione, è nata la mediazione mediterranea, modello creato dalla Dott.ssa Anna Coppola De Vanna, nel corso della sua esperienza nel centro C.R.I.S.I. di Bari.

"Sul piano razionale non avevo ben chiaro cosa potesse significare quel termine, ma sul piano emotivo esso rimandava ai colori, ai sapori, ai profumi, ai mestieri della nostra terra mediterranea, richiamando, in contrasto con le idee pragmatiche per le quali la mediazione è una forma di negoziazione, il clamore delle emozioni che risuonano nella stanza di mediazione e per le quali non è possibile realizzare alcuna forma di negotium. Mi sembrava che la fissa rigidità della negoziazione, finalizzata ad un concreto e pragmatico obiettivo, si distanziasse dalla fluidità delle emozioni, sempre diverse, quasi fossero uno scorrere marino, piane o agitate come le onde; la negoziazione è il fine, la mediazione è la ricerca di questo fine....mediterranea perché la nostra sensibilità meglio si adatta a quella che viene definita modernità liquida, così lontana dalla rigidità del nomos, dalla sua solidità geometrica, dura come la terra...e poi perché questo mare che abbiamo sempre avuto sotto gli occhi torna ad essere un simbolo. La sua posizione di mediazione tra le terre potrebbe essere una garanzia contro la deriva dei continenti." Anna Coppola De Vanna -

Dossier: la mediazione mediterranea in Mediares, Edizioni Dedalo 1/2003.

Fonte di ispirazione sono state le considerazioni di F. Cassano - nell'opera "Il pensiero meridiano", edito da Laterza nel 1996 e poi anche in "L'alternativa mediterranea" edito da Feltrinelli nel 2007 - il quale ha posto in evidenza il valore della "pluralità" che si coglie percorrendo il mediterraneo.

Chi dimora nel mediterraneo sperimenta ogni creazione umana come il frutto del rimescolamento tra più voci. Il monologo è impensabile, poiché ciascuna civiltà è abitata, braccata dalla presenza costante dell'altra. Le istituzioni umane e le cristallizzazioni identitarie scontano continuativamente l'esperienza del dialogo a più voci. E si tratta di un dialogo (quale è quello inscenato nell'antica Grecia) che non si dimidia mai nell'illusione di una ricomposizione armonica, tenendo ferma l'irriducibilità dei dialoganti.... L'idea di "convivialità delle differenze" non esautora mai la possibilità e la realtà del conflitto. Ma è proprio il conflitto che fa sorgere la necessità del dialogo

Così scrive Onofrio Romano (ricercatore in sociologia dei processi culturali e comunicativi presso il dipartimento di scienze storiche e sociali dell'Università degli studi d Bari) sul n. 11/2008 della citata rivista Mediares, evocando appunto le citate opere di F. Cassano, per il quale, continua l'autore dell'articolo *il dialogo fondativo del mediterraneo è quello tra terra e mare. Il nesso di complicità tra questi due elementi è un dato geofisico di prima evidenza.*

Da una parte la terra, dall'altra il mare, che nel bacino del mediterraneo trovano un equilibrio, pur essendo la prima radicata alle tradizioni, il secondo la metafora della emancipazione, dell'apertura a nuovi mondi.

Del resto i trattati di Maastricht e di Amsterdam hanno suggerito di ripensare alle dinamiche di sviluppo della Comunità Europea, tendendo conto anche del fenomeno immigratorio, perché l'integrazione deve riguardare l'insieme della società, non solo delle porzioni di territorio, solo in tal modo si potrà dare applicazione al principio di uguaglianza ed attuare una democrazia, intesa come partecipazione, senza discriminazioni ed orientarci verso una prospettiva più universale.

Invero il senso della Mediazione Mediterranea mi è stato insegnato dai pescatori della comunità in cui sono cresciuto (Molfetta). E mio padre era tra questi. Senza alcun filtro culturale, essi si davano all'incontro con gli abitanti delle coste intorno. Ed era un incontro segnato in profondità dalla diffidenza, dall'assenza di lingue comuni e di operatori della traduzione. L'altro era l'altro. Irriducibile. Insondabile. Incontrollabile. L'altro era, cioè, "sacro". Ci si approssimava ad esso come ci si approssima al mare. L'altro era il mare:sublime e feroce. E non per questo si batte in ritirata. Al contrario. Il mare è la vita stessa... è questa la forma di mediazione mediterranea da cui occorre attingere: bisogna imparare a comunicarsi senza capirsi mai, prendendo continuamente lucciole per lanterne. Occorre imparare a dialogare tra sordi. (Onofrio Romano art. citato)

La Dott.ssa Anna Coppola De Vanna ha saputo, nella sua esperienza lavorativa, con la sua formazione di mediatore umanistico, applicare queste risonanze, farle proprie nell'attività svolta nel settore della mediazione familiare, civile e commerciale e penale, come ci spiega *nella mediazione mediterranea il conflitto è l'espressione del dolore per il frantumarsi di una esperienza relazionale vitale; l'attenzione del mediatore si orienta sull'essenza della storia, sull'ingiustizia delle ferite inferte, dell'aggressività agita e subita; ciascuna delle parti ha il diritto di essere accolta ed ascoltata per costruire un consenso, un sentire comune: quello è il luogo dove, a partire da elementi divergenti e caotici, far lievitare un ordine condiviso; la responsabilità del mediatore sta nel restituire la dignità personale persa e violata nelle diversificate manifestazioni del conflitto......il mediatore costruisce la posizione mediana, cogliendo l'essenza del racconto dell'uno e dell'altro, costruendo connessioni.*

Così si giunge alla *katarsis,* alla riconciliazione, spesso accompagnata da un pianto liberatorio
Che è stato Filomè?
Sto piangendo Dumì....e quanto è bello chiagnere!
Sono le battute finali di Filumena Marturano, di Eduardo De Filippo.

Ma per restare in ambito giuridico è bene ricordare che, tanto la direttiva comunitaria n.52/2008, quanto la Legge Modello in tema di conciliazione internazionale approvata dalla Assemblea Generale della Commissione delle Nazioni Unite per il commercio internazionale (UNCITRAL) , nella seduta del 24 gennaio 2003, hanno indirizzato chiaramente verso la mediazione di stampo umanistico, definita anche "facilitativa", proprio perché nulla impone, ma facilita, agevola la composizione della lite, riservando l'altra, definita "valutativa" alle ipotesi in cui siano tutte le parti a richiederla congiuntamente.

Il nostro legislatore, tuttavia, avendo come intento prioritario la deflazione del contenzioso, nel timore che la maggior parte delle mediazioni, anche per l'avversità mostrata dalla classe forense, fossero destinate all'insuccesso, ha pensato bene, inopinatamente, di facoltizzare gli organismi a prevedere nei loro regolamenti la "proposta del mediatore", asso nella manica da tirare fuori per chiudere in fretta e con esito positivo il procedimento, sotto la minaccia della infliggenda sanzione da parte del Tribunale, eventualmente adito in caso di mancato accordo.

Con buona pace delle direttive comunitarie, la nostra mediazione civile e commerciale rischia di trasformarsi in un altro grado del processo, con il quale, riforma dopo riforma, si "invischia" sempre di più e di assumere una forma talmente ibrida, da far dubitare della sua validità proprio coloro che, come la sottoscritta, tanto ne hanno auspicato l'avvento.

A questa situazione si può porre rimedio solo con una formazione davvero seria e multidisciplinare, un aggiornamento ed una supervisione costanti, ma anche con la improcrastinabile opera di sensibilizzazione sul tema e di riforma del sistema scolastico, che deve spostare il focus dalla competizione alla collaborazione, educare alla condivisione, non all'antagonismo, insomma insegnare che esiste un altro modo di stare al mondo, diverso dal primeggiare a tutti i costi, che è quello della solidarietà umana.

In proposito un'opera lodevole è quella che sta svolgendo un Giudice, Luciana Breggia, che ha avuto l'idea di scrivere un libro per ragazzi dal titolo "Il giudice alla rovescia" Ed., Einaudi Ragazzi, e che si reca nelle scuole a raccontare le storie in esso contenute, storie meravigliose che hanno come protagonista un giudice che gira per i villaggi e aiuta le persone a risolvere i conflitti in modo insolito, senza distribuire torti o ragioni, ma cercando soluzioni che permettano a tutti di essere contenti.

Queste fiabe sono un esempio di come si può educare i bambini alla legalità, aiutandoli a comprendere il punto di vista dell'altro, e possono essere l'inizio per la costruzione di un mondo ove il diritto si avvii a diventare "mite", una proposta pacifica e democratica, anziché una imposizione di concezioni universali calata dall'alto ed immutabili, come ben evidenziato da Gustavo Zagrebelsky nel suo saggio "Diritto mite. Legge, diritti, giustizia" Ed Einaudi 1992

Capitolo V

Il ruolo dell'etica e della deontologia

L'esperienza del Centro C.R.I.S.I. di Bari, fondato dalla Dott.ssa Anna Coppola De Vanna e di quello del Centro Kairos di Formia, che assieme ad altri colleghi abbiamo fondato a Formia, sono state fortunate perché, in entrambi i casi, le figure professionali che hanno iniziato ad interessarsi alla mediazione, avvocati e psicologi, hanno compreso l'importanza della cooperazione, contaminandosi a vicenda, con un lavoro di squadra che ha consentito un approccio multidisciplinare delle varie problematiche ed ha portato a risultati soddisfacenti.

Stessa metodologia è stata usata per i percorsi formativi offerti, fuori dagli schemi, e principalmente tendenti a far apprendere le modalità con le quali condurre il percorso di una mediazione in senso puro, "senza aggettivi".

Il presupposto di base, da cui partire, è che un approccio mediativo necessita di una visione prospettica diversa.

Come si è illustrato in precedenza, purtroppo, nel corso degli anni, l'avvocatura si è sempre più adeguata alle esigenze della clientela e questo ha giocoforza comportato un accantonamento dei principi deontologici, tant'è che da tempo si avverte un declino a livello etico-professionale, dovuto anche all'oscurantismo dei valori in ogni ambito.

Non si confonda la giustizia in senso giuridico con la giustizia in senso morale, che dovrebbe essere tesoro comune di tutti gli uomini civili, qualunque sia la professione che essi esercitano nella vita pratica scriveva Pietro Calamandrei, per il quale l'insegnamento dell'etica doveva essere come una bussola per gli avvocati.

L'etica, come è noto, è quel ramo della filosofia che si occupa del comportamento umano e qualifica, secondo un modello ideale, le azioni buone o cattive; quindi, sembrerebbe non avere attinenza dal punto di vista giuridico, ma non è così, in quanto sappiamo bene che il corretto svolgimento della professione esalta il ruolo dell'avvocato, la cui *mission* è la ricerca della giustizia, ma anche dell'equità.

Pietro Calamandrei, nel secolo scorso, ci diceva anche che *molte professioni possono farsi con il cervello e non con il cuore... l'avvocato no. L'avvocato deve essere prima di tutto un cuore, un altruista, uno che sappia comprendere gli altri uomini e farli vivere in sé, assumere i loro dolori e sentire come sue le loro ambasce.*

Quello che oggi appare assolutamente indispensabile nel "corredo" dell'avvocato moderno, sono proprio queste doti, prima tra tutte l'empatia.

Nella mia esperienza di formatore, ho dovuto, ahimè, constatare una evidente sproporzione tra il cervello ed il cuore, a tutto svantaggio del secondo ed i miei sforzi sono sempre stati protesi nel rimetterli quantomeno in equilibrio.

Un cliente è innanzitutto un essere umano, che ha bisogno di essere ascoltato, sostenuto e poi guidato verso la soluzione del problema che lo attanaglia, spesso facendogli perdere il sonno e anche la ragione.

Magari sta male, molto male, ma di rado questo suo malessere trova accoglimento altrove, e questo rafforza il suo convincimento che potrà trovare sollievo al suo dolore solo se verrà fatta giustizia.

Un professionista che ha esclusiva competenza della scienza del diritto, che conosce alla perfezione, alle volte direi maniacale, tutti i cavilli che lo porteranno di sicuro alla vittoria della causa da intentare, ma non ha capacità di "ascolto attivo" e di "empatia", difficilmente imboccherà la strada giusta per la tutela di chi si sta a lui affidando.

Quante volte un avvocato "matrimonialista" o "divorzista" che dir si voglia (sic!) si è sentito dire da un marito *mia moglie non deve avere da me un solo centesimo*, o da una moglie *mio marito non deve più vedere i suoi figli?*

L'etica è innanzitutto un dovere collettivo e quindi, in questi casi, la deontologia, che è addirittura definita una scienza, assume rilevanza giuridica.

Bene, allora che valore dobbiamo dare a quei corsi di formazione nei quali si insegna come aiutare i clienti ad apparire dei nullatenenti, per poi poter tranquillamente esimersi dall'adempimento di qualsivoglia obbligazione, in primis quella di fornire i mezzi di sussistenza a moglie e figli?

Nei casi sopra citati l'avvocato, nell'espletamento eticamente e deontologicamente corretto del suo mandato, non può certo assecondare la richiesta del cliente, fomentando la sua naturale inclinazione a competere con quella o quello che vede come avversario, senza, così facendo, mettere in atto una condotta riprovevole.

Ma se già il percorso universitario prima, e la formazione professionale in seguito, gli avranno dato l'opportunità di incoraggiare le sue tendenze umane verso la collaborazione e l'accordo, insomma se gli insegnamenti ricevuti gli saranno da guida, in un percorso che non si può intraprendere con il solo strumento della conoscenza del diritto, sia pur completa e perfetta, gli riuscirà molto agevole aiutare il cliente verso una soluzione soddisfacente del problema esposto, che non avrà la conseguenza di arrecare danni ad altri.

E potrà farlo serenamente, senza il timore di perdere la fiducia che è stata riposta in lui - che, anzi, ne sarà rafforzata, dal momento che chi si affida ha bisogno di essere guidato, ha perso la strada, brancola in un vicolo cieco e non vede via d'uscita -cercando con lui quegli sbocchi "positivi" che consentono, se non proprio di risolvere, almeno di "governare" il conflitto, facendo emergere gli spunti "riparativi" e "ricostruttivi" che la lite in sé contiene sempre.

Lo studio e la ricerca di mezzi diversi per risolvere i conflitti, che purtroppo non fanno parte della formazione degli avvocati, i quali, paradossalmente, sono i primi ad esserne coinvolti, riflettono un sensibile cambiamento dei valori sociali.

In una società che si auspica sempre più basata sulla cooperazione, sul rispetto delle diversità, sull'inclusione sociale, i "processi antagonistici" stanno incominciando ad apparire anacronistici, nel mentre si diffonde il convincimento che sia più utile e proficuo e soprattutto soddisfacente una collaborazione per la soluzione di problemi, che concili gli interessi di tutti i soggetti coinvolti.

Nel procedimento di mediazione, le parti, supportate da una adeguata assistenza legale, dinamicamente e flessibilmente attive nella ricerca di una soluzione al conflitto, hanno la possibilità di ricostruire le relazioni tra di loro, conseguendo indubbi vantaggi, personali, economici e sociali.

Così facendo si compie anche un'opera di educazione o rieducazione, insegnando i valori della verità, del rispetto, e si contribuisce ad evitare la reiterazione dei reati.

La mediazione penale si inserisce in un complesso di interventi che hanno un significato profondamente riparativo e possono essere molteplici, ma la cosa più importante è la connessione che si crea tra reato e attività riparatoria, tra reo e vittima, tra quel che è stato fatto e quel che si può fare per porre rimedio al male procurato.

Nulla a che vedere con quel che avviene nella costituzione di parte civile, che al massimo consente di ottenere un risarcimento economico, ma certo non concepisce nemmeno l'idea di una riconciliazione.

La definizione di *Restorative Justice* compare nell'*Oxforde dictionary and thesaurus* e costituisce un paradigma appartenente al mondo della giustizia, ma entrato nella lingua e nella cultura.

La traduzione letterale Giustizia riparativa evoca il forte legame tra riparazione e riconciliazione della tradizione ebraico/cristiana, un appello a fermare la violenza, che genera altra violenza.

Nel testo "Un'altra storia inizia qui" Marta Cartabia, autrice dell'ultima riforma sulla giustizia appena andata in vigore, richiama le riflessioni del Cardinal Carlo Maria Martini sulla pena detentiva, a seguito della sua personale esperienza nelle carceri di Milano, ove si recava assiduamente, quando era Vescovo.

Nei contributi di Martini i richiami biblici abbracciano l'intero arco dei testi sacri dell'antico e del nuovo testamento: dall'assassinio di Abele, ad opera del fratello Caino – che segna l'irruzione della violenza nella storia dell'umanità- alla parabola del figliol prodigo, fino alla lettera di San Paolo a Filemone, che chiede di riaccogliere, piuttosto che punire, uno schiavo fuggitivo, superando la logica della mera punizione retributiva. Il metodo seguito da Martini non è speculativo, ma nemmeno ottusamente pragmatico: è un metodo segnato dalla riflessione su un'esperienza, nutrita dal suo assiduo "visitare i carcerati", ma anche illuminata dalla sapienza biblica, di cui il cardinale era riconosciuto ed indiscusso maestro. Nei suoi scritti in materia di giustizia penale, il pastore di anime e lo studioso di sacre scritture sono sempre in dialogo. La sua creatività in tema di giustizia penale deriva, mi pare, dal dialogo incessante che egli intesse tra l'osservazione dei dati della realtà ed il confronto con la sapienza biblica (opera citata pag.69/70).

In fondo l'idea che a chi sbaglia deve essere data la possibilità di correggersi e che la pena deve guardare al futuro lo avevano scritto già da tempo i nostri padri costituenti, troppo tempo è passato, è ora di cambiare.

Ma per farlo, oltre ad un'opera di implementazione, necessaria affinché il cambiamento venga accolto con la necessaria apertura mentale, si rendono necessari percorsi formativi seri, sia per i mediatori che per gli avvocati che utilizzano i percorsi mediativi.

A tal proposito è bene chiarire che la mediazione è unica, anche se il mercato ha bisogno di diversificare i corsi, promettendo una formazione specifica nelle varie materie.

Solo una volta acquisite le competenze di base ci si può eventualmente approcciare a dei percorsi formativi differenziati, a seconda del settore nel quale si opera.

I programmi indicati dal Ministero della Giustizia per acquisire il titolo di mediatore civile e commerciale sono sicuramente utilissimi poiché consentono di districarsi in un percorso indicato dalle norme di legge, che hanno, per così dire, istituzionalizzato la mediazione, fino a collegarla in qualche modo con il processo.

Ma se chi li intraprende non ha una formazione di base adeguata, una volta che si troverà a gestire le controversie, difficilmente sarà in grado, senza essere direttivo, di portare a casa quei risultati positivi che l'Organismo di conciliazione gradisce, anche perché fanno aumentare il volume di affari!

Da qui il senso di frustrazione, che ha indotto il Legislatore a prevedere la cosiddetta "proposta del mediatore".

Nei regolamenti degli organismi fondati da mediatori con formazione umanistico/trasformativa difficilmente si troverà riportata la norma, per nostra fortuna facoltativa, che prevede la possibilità di formulare una proposta, nel momento in cui si crea quell'*impasse* che si percepisce come l'anticamera della stesura del verbale negativo.

Non si trova perché l'espediente, creato a bella posta dal nostro legislatore al malcelato scopo di deflazionare il contenzioso, costringe il mediatore a spogliarsi dei suoi panni e ad indicare comunque una strada, che le parti non sono state in grado di trovare da sole.

Logica conseguenza è che ne usciranno sconfitte entrambe, come le due donne che nella Bibbia di recano dal saggio re Salomone con un bambino, al quale ognuno ritiene di aver dato la vita, di fronte alla "proposta" di tagliare il bambino a metà.

Diciamocelo francamente, il re Salomone è stato molto fortunato…, come sarebbe uscito dall'*impasse* se ognuna della due donne si fosse ribellata, o peggio se entrambe avessero acconsentito?

Certamente chi gestisce il conflitto può indicare delle vie d'uscita, lo facciamo tutti, ma è la modalità direttiva che inficia, a mio avviso, il procedimento, a prescindere dal fatto che quella prospettata possa essere la migliore soluzione.

L'aver poi previsto, da parte del legislatore, in affanno perché proteso a sgomberare le aule dei Tribunali dal contenzioso il più delle volte bagattellare, una sorta di sanzione per chi si permette di rifiutare la proposta, finisce per svilire del tutto l'istituto e per creare un ibrido, con dei risvolti addirittura inquietanti.

Il fascino della professione del mediatore consiste proprio dalla possibilità di svolgere l'attività in completa assenza di giudizio, senza alcun potere decisorio, barcamenandosi tra i litiganti con quel movimento che ricorda l'infanzia di chi ha i miei anni, quando le nonne, per tenerci buoni, ci facevano tenere la matassa con le manine tese e, per aiutarle a raggomitolare la lana in maniera corretta, dovevamo oscillare leggermente a destra e sinistra, stando bene attenti a non fare bruschi movimenti, per non spezzare il filo.

Le conseguenze di questa impostazione, divenuta ancora più rigida a seguito dell'ultima riforma, saranno sicuramente quelle di una maggior difficoltà a lasciarsi andare, a farsi guidare, a far emergere la verità, nel timore che si possa apparire fragili, arrendevoli, di fronte a chi, in qualche modo, può rivestirsi di autorità e suonare il campanello di allarme, con la frase: *bene, ora si fa come dico io*, magari per farsi portare poi una sciabola come il re Salomone.

Il vantaggio che se ne potrà trarre in termini di risparmio delle spese di giustizia non servirà a compensare quelle dell'ulteriore contenzioso, destinato a crearsi come logica conseguenza, e già *pregusto* la lettura di una bella sentenza della Corte di Cassazione, magari a sezioni unite, che censura l'operato per collega mediatore, che, formulando la proposta, ha violato non si sa quale diritto!!!

La mediazione trasformativa parte da premesse chiare sulla natura del conflitto, sulle capacità delle parti, sull'adeguatezza di esprimere sentimenti ed emozioni e su un concetto di conflitto che sono incongruenti con quelli di altre forme di pratica. Qualsiasi approccio alla mediazione che si proponga di controllare il conflitto o di produrre delle soluzioni, persegue obiettivi diversi e si basa su assunti molto differenti sulla natura umana e sulla interazione conflittuale... è impossibile che un mediatore dia sostegno alla capacità di decisione autonoma delle parti, e, allo stesso tempo, si sostituisca a loro nel giudizio Busch e Folger opera citata pag. 193

Il codice deontologico dell'avvocato e quello del mediatore impongono una seria formazione ed un costante aggiornamento, presupposto indispensabile per svolgere al meglio una professione di cui il mondo, non solo quello giudiziario, ha tanto bisogno, nella speranza che questo terzo millennio segni l'era della Pace, alla cui costruzione tutti, nel nostro piccolo, siamo tenuti a partecipare.

L'uomo nuovo del terzo Millennio, se vuole arrestare l'altrimenti inevitabile degrado fisico e morale di cui è finora l'autore quasi indisturbato, può reagire in un solo modo: facendo scoppiare la pace, prima di tutto intorno a sé, e poi man mano allargando la cerchia fino a comprendere la Terra e tutto lo Spazio che la circonda. Per far scoppiare la Pace, l'unica ricetta possibile è un uso intensivo della conciliazione, dalle piccole controversie di quartiere, su su fino alle querelles internazionali, che impongono una ri-conciliazione delle popolazioni in conflitto

Ferdinando Carbone "Che fa, concilia?" Collana LiberaMente Edizioni progetto cultura 2003 pagg. 11- 12

Se vogliamo contribuire a risolvere l'annoso problema del funzionamento della macchina della giustizia, noi operatori del diritto, più o meno formati alla mediazione, dobbiamo riscoprire il valore massimo dell'etica professionale, quella in senso puro, che ci spinge ad essere donne ed uomini diversi, non basta in mero formale rispetto dei codici deontologici, pure necessario.

Capitolo VI

Un nuovo umanesimo per l'avvocatura

Ho vissuto i primi anni della mia vita sulla meravigliosa isola di Ventotene, dove mio padre, all'inizio della sua carriera lavorativa, era stato inviato a svolgere le mansioni di segretario comunale.

I ricordi della mia infanzia sono nitidi e riecheggianti delle suppliche dei detenuti nel carcere di Santo Stefano, ogni volta che mi portava con sé, per alleviare le fatiche di mia madre, che aveva mia sorella e mio fratello più piccoli da accudire.

Si trattava per lo più di visite di qualche autorità politica, seguite da un rinfresco, al quale, forse in segno di quella carità "democristiana" dell'epoca, veniva invitato qualche detenuto che si era comportato bene.

I loro visi, scavati e sofferenti, sono ancora impressi nella mia memoria, assieme ai cestini di rafia colorata che mi regalavano e che riempivo di pelati delle ginestre da lanciare alla processione del Corpus Domini.

Ricordo anche dei discorsi di mio padre su un direttore "illuminato", che tentò coraggiosamente qualche esperimento di "umanizzazione della pena", ma non durò a lungo, poi, per fortuna, nel 1965, quello che era stato uno degli istituti penitenziari più terribili, venne chiuso.

L'architetto Francesco Carpi, che lo aveva concepito, aveva progettato le celle in modo tale che gli occupanti fossero sempre osservati, senza poter rendersene conto, nell'idea che così venissero dissuasi dal fare ancora del male.

DONEC SANCTA THEMIS SCELERUM TOT MONSTRA CATENIS

VICTA TENET STAT RES, STAT TIBI TUTA DOMUS

Era la scritta che aveva fatto apporre all'ingresso:

Fino a che la santa Giustizia tiene in catene tanti esemplari di scelleratezza, resta salda la tua proprietà, rimane protetta la tua casa.

Più che di "giustizia retributiva" praticamente una barbarie, la spada che "iconograficamente" è posta in una mano della dea che rappresenta la Giustizia, usata con tutta la forza, ignorando la bilancia che è retta dall'altra!

Ma sulla piccola isola, in tempi nei quali le narrazioni riempivano le giornate, andando di bocca in bocca, ascoltavo dagli adulti racconti di storie di esseri umani, che nella vita avevano commesso degli errori, non di "mostri", forse perché all'epoca non c'erano i programmi televisivi, nei quali imperversano delitti efferati ad alimentare la curiosità morbosa, che fa crescere l'*audience* e, parallelamente, nell'immaginario collettivo degli spettatori, il convincimento che nel nostro paese le pene non sono mai abbastanza severe.

Un giorno ebbi una febbre molto alta, non c'era il medico condotto e nessuno lo sostituiva, stavo molto male e mia madre era disperata.

Non so dire con precisione come e se burocraticamente la vicenda si svolse, ma al mio capezzale venne accompagnato un medico prelevato direttamente dal carcere, dove stava scontando l'ergastolo, al quale era stato condannato per aver avvelenato la moglie, nessuno se ne scandalizzò ed io guarii in fretta, mia madre raccontava a tutti che era stato molto gentile e lo aveva ringraziato di cuore.

Nel piccolo borgo di montagna dove sono nata e tornavo per le feste di Natale o per trascorrere il mese di agosto accadde il primo "omicidio" nel quale mi sono imbattuta, la difesa toccò a mio zio, unico avvocato del paese, la piccola comunità era scossa e non si parlava d'altro, ma quel che ricordo non è il senso di repulsione nei confronti dell'assassino, ma solo la *pietas*, che pure ispirò l'arringa…il pastore trascorreva le sue giornate in montagna, con le pecore, il cane ed un fucile, con il quale difendeva il suo gregge dagli attacchi dei lupi…quel giorno lo aveva usato per difendere la sua donna dal "compare" che, non essendosi accorto della sua presenza, la stava insidiando.

Nessun giudizio, nessuna invocazione di vendetta né di pene severe, solo commiserazione, per la vittima e per il carnefice, che, una volta scontata la sua pena, per sua fortuna breve dal momento che il "delitto d'onore" non era stato ancora abolito, è tornato a vivere con la sua famiglia ed a custodire gli animali che erano la sua fonte di sostentamento. Del resto nell'Italia che usciva dalla guerra, con tutto l'orrore che l'aveva devastata, il crimine era addirittura necessario per sopravvivere, chi di noi non ha simpatizzato con il personaggio interpretato da Sofia Loren, la pizzaiola che passava allegramente da una gravidanza all'altra per non finire in galera, o con Totò e Peppino, che tentano di falsificare le banconote nel film "La banda degli onesti"?

Mettersi nei panni dell'altro era una cosa che veniva spontanea, così come comprendere le ragioni degli uni e degli altri, ed il buon senso suggeriva sempre di trovare una via di mezzo e di rispettarsi anche si avevano idee opposte, come i magnifici Peppone e Don Camillo, creati da Giovannino Guareschi.

E l'assenza di giudizio, assieme ad una profonda *pietas* nei confronti di chi ha sbagliato e per questo viene chiamato a pagare la sua pena, quelli della mia generazione avevano modo anche di ravvisarla nei versi delle poesie/canzoni di Fabrizio De André: *"venne alla spiaggia un assassino, due occhi grandi da bambino, due occhi enormi di paura, eran gli specchi di un'avventura, e disse al vecchio dammi il pane, ho poco tempo e troppa fame, e chiese al vecchio dammi il vino, ho sete sono un assassino. Gli occhi dischiuse il vecchio al giorno, non si guardò neppure intorno, ma versò il vino e spezzò il pane per chi diceva ho sete e ho fame"*.

Nel 2010 il sociologo statunitense Jeremy Rifkin ha scritto il saggio, tradotto in italiano con il titolo "La civiltà dell'empatia", nel quale sostiene che l'empatia ha dato un vantaggio evolutivo all'uomo ed è un ingrediente fondamentale per la società.

Questa tesi si contrappone all'utilitarismo classico del XVIII secolo, secondo il quale l'uomo agisce solo per aumentare il proprio piacere personale e quindi il progresso della società si avrebbe solo grazie alla competizione tra singoli che si accaparrano le risorse, peraltro sempre più scarse.

Homo homini lupus, del resto, era quanto sostenuto sin dal commediografo latino Plauto, nella sua *Asinaria*, espressione ripresa da Thomas Hobbes nel *De Cive,* per sostenere che gli uomini si combattono l'un l'altro per istinto di sopravvivenza e di sopraffazione.

In quest'ottica il conflitto è diventato una vera e propria attrattiva, ne troviamo innumerevoli esempi nella narrativa, quello più significativo è rappresentato da Armand D'Hubert e Gabriel Feraud, i *duellanti* descritti da Joseph Conrad, magistralmente ripresi dal regista inglese Ridley Scott nel film omonimo uscito nel 1977.

Nel racconto è sempre più evidente come il conflitto tra i due protagonisti esuli dalle ragioni che entrambi adducono, ma attiene alla sfera personale, quasi come se il legame profondo che li lega li renda complici, indispensabili l'uno per l'altro, esattamente come è evidente in alcune vicende giudiziarie, che si protraggono per anni ed anni nei tribunali, senza mai avere una fine, perché il vero motivo del contendere è sommerso, ha radici altrove, non certo in quello che si trasforma giuridicamente nelle istanze rivolte al tribunale di turno.

Ne cogliamo l'essenza in alcune vicende matrimoniali, racchiusa nei versi poetici della

bellissima canzone di Paolo Conte, "Parole
d'amore scritte a macchina"

Memorabile... frasi d'amore scritte a macchina

La nostra storia in quattro pagine

Che, raccontata ci può perdere

*Ah, formidabile... il tuo avvocato è proprio un
asino*

No, certe cose non si scrivono

Che poi i giudici ne soffrono

Eh eh eh

Rido perché

A parte lo stile

Del tuo legale

Sono parole tue

D'amore scritte a macchina

Baby baby

Van tanto bene per me

Insomma, quello che immaginiamo sia il "resistente" in un giudizio di separazione o di divorzio "sente" che, al di là di quanto riportato negli atti del giudizio intentatogli dalla sua "ex", c'è dell'altro, magari ancora un grande amore e quindi non si lascia scalfire dalla "guerra giudiziaria", sa guardare oltre.

Immaginiamo anche che *"il tuo avvocato è proprio un asino"* si riferisca alla incapacità all'ascolto ed all'empatia, da parte di molti colleghi, che si limitano a trasferire letteralmente le "doglianze" della loro parte rappresentata, senza comprendere che stanno "scrivendo a macchina" delle parole d'amore.

Le scienze biologiche e quelle sociali ci hanno dato una mano notevole, pervenendo alla scoperta che ci permette di archiviare serenamente l'*Homo hominis lupi:* nelle relazioni l'uomo ed i primati sono "geneticamente empatici", e quindi la teoria filosofica per cui l'uomo è animale sociale ha un fondamento scientifico.

La salvezza per l'umanità potrà esserci solo se sarà in grado di migliorare la società, grazie a quello che Rifkin definisce "salto empatico", che porta a forme di solidarietà e cooperazione, fuori dalla logica della competizione.

Ma il mondo contemporaneo ha richiesto tutta una serie di specializzazioni sempre più raffinate, il che ha portato gli avvocati a tutelare interessi nei vari settori ed a perdere il carisma della tanto preziosa indipendenza al servizio di una legge utile a tutti, nonché il suo ruolo eccellente di mediatore di svariati processi sociali.

L'eccessiva disponibilità a servire l'egocentrismo dei clienti ed il conseguente accantonamento dei principi deontologici, in favore di quelli degli assistiti, ha comportato una perdita di autorevolezza tale, da far svanire il mito della professione liberale ed una competizione brutale alla ricerca della clientela alla quale spesso si offre un servizio mediocre a basso prezzo.

Unica alternativa è nuotare controcorrente, anche se è indubbiamente più faticoso e comporta delle rinunce, uscire da questa logica di mercato e recuperare una professionalità "olistica", che si discosti dalla eccessiva specializzazione e sia in grado di dare uno sguardo d'insieme alle problematiche poste dai clienti ed affrontarle a tutto tondo, partendo dall'ascolto attivo, che permette di scoprire anche il sommerso, oltre la punta dell'*iceberg*, che normalmente appare.

Nel vecchio ordinamento forense RDL 1578/1933 era contenuta una norma che escludeva espressamente l'istituto delle specializzazioni per gli avvocati, del resto il dibattito sul tema resta aperto, nonostante la riforma recente.

Certamente il "mercato" esige sempre di più quella competenza specifica, cui fa richiamo anche il codice deontologico, nei singoli settori in cui si va via via frammentando il mondo del diritto, e quindi, dopo un percorso lungo e burrascoso, è stata concessa la possibilità di "specializzarsi" e di fregiarsi del relativo titolo, a fini che non possono che essere concorrenziali.

È facile immaginare che in futuro gli avvocati specializzati rivendicheranno il loro diritto di esclusiva sulla materia trattata, cercando di escludere gli altri, anche se, almeno apparentemente, questo non sarebbe possibile, ma le logiche mercantili portano appunto a competere.

La mia esperienza professionale mi induce a ritenere che, al contrario, si avverte un grande bisogno di recuperare la figura dell'avvocato consulente, che sia in grado di affrontare qualsiasi problematica gli venga sottoposta, possibilmente evitando il ricorso alle vie giudiziarie, in tempi brevi ed a costi contenuti.

Di fronte alla ineluttabilità del "conflitto", l'approccio alle sue dinamiche non può che essere globale ed integrato, ho usato il termine "olistico" proprio per indicare una modalità che abbracci la controversia nella sua interezza, unico modo per comprenderla ed affrontarla in modo corretto ed efficace.

Una buona formazione alla mediazione umanistica, a mio avviso, va oltre qualsiasi forma di specializzazione - richiesta prevalentemente dalla necessità di adeguarsi al proliferare di giudici altrettanto specializzati - perché consente, quasi sicuramente, di risolvere la controversia, senza doversi necessariamente addentrare nei cavilli processuali.

Laddove ciò non fosse possibile e dovesse palesarsi ineluttabile il ricorso all'autorità giudiziaria, il cliente valuterà di rivolgersi a chi ha specifica competenza nel settore.

Un buon medico di base, come quelli che abbiamo avuto la fortuna di avere nella nostra infanzia, con l'ascolto attivo del paziente era in grado di comprendere il suo male e le sue parole rassicuranti già lenivano la sofferenza.

Oggi la "medicina narrativa" cerca di porre rimedio alla disumanizzazione recuperando queste pratiche che da molti sono considerate obsolete.

Purtroppo, l'avvio di una azione giudiziaria è diventato il modo per il paziente o per i suoi familiari per esorcizzare la precarietà della vita, identificando un soggetto o una struttura sanitaria come il capro espiatorio al quale attribuire le origini della propria disgrazia, come dire meglio far questo che rendersi conto della fragilità dell'esistenza umana!

Vi è da dire che i mezzi di comunicazione non contribuiscono minimamente a recuperare il rapporto medico-paziente, dal momento che i progressi in campo scientifico vengono enfatizzati oltre misura, con la logica conseguenza che l'esito infausto, prevedibilissimo, viene fatto ricadere su chi si occupa della cura, e quindi chi si sente "tradito" dalla efficienza della medicina corre in Tribunale per ottenere una cifra che, si badi bene, mai sarà ritenuta sufficiente a fronte dell'inganno di cui si sente vittima.

Nell'ambito di un procedimento di mediazione, con l'ascolto reciproco delle parti ed il confronto dei rispettivi vissuti, si può arrivare ad affrontare il danno subito non necessariamente per colpa dell'altro, ma perché inevitabile, che un medico non è un "guaritore", ma un essere umano, che, come tale, può anche fallire, che la Medicina non è una scienza esatta, si può, insomma, rielaborare il conflitto ed attribuire ai fatti accaduti un significato condiviso.

Sicuramente la vittima avrà il suo ristoro, ma principalmente avrà modo di recuperare la fiducia nella scienza medica, ed in questo percorso la sua guida non può che essere un avvocato che abbia una formazione adeguata e specifica e con l'ausilio di un mediatore che sia in grado di affrontare gli aspetti emotivi e relazionali della vicenda.

Un'altra giustizia è possibile, sicuramente, ma occorre avere la forza ed il coraggio di invertire la rotta, di resistere agli sbalzi delle onde, di saper nuotare controcorrente. Chi è abituato a farlo ha ovviamente meno difficoltà e, nell'ottica della cooperazione e della collaborazione, deve dare una mano a chi decide di avventurarsi su questa strada, mi auguro che questo mio scritto possa agevolare il cammino.

Molti altri, forse la maggior parte, resterà pervicacemente ancorato al suo modo "tradizionale" di intendere la professione, da buon mediatore non giudico la scelta, ma mi auguro che con il tempo possa ravvedersi, abbiamo bisogno di un mondo migliore e tutti siamo chiamati a raccolta per costruirlo dal cumulo di macerie che ci circonda.

SOMMARIO